本书由“北京印刷学院校级重点教学改革项目”资助出版

传媒类
专业课程
架构与思政元素

高 萍◎著

知识产权出版社
全国百佳图书出版单位
—北 京—

图书在版编目（CIP）数据

传媒类专业课程架构与思政元素 / 高萍著 . — 北京：知识产权出版社，2022.11
ISBN 978-7-5130-8438-3

Ⅰ . ①传…　Ⅱ . ①高…　Ⅲ . ①传播媒介—课程建设—教学研究—高等学校
Ⅳ . ① G206.2

中国版本图书馆 CIP 数据核字（2022）第 206697 号

内容提要

学科是知识的分门别类，专业是学科与社会行业需求的结合点。本书聚焦作者所在的传媒类专业，基于新闻传播学一级学科的学理逻辑，以 2018 年教育部颁发的《普通高等学校本科专业类教学质量国家标准》为政策性依据，针对“新闻学”“广告学”和“编辑出版学”等专业，围绕本科教学的高等基础性和专业性架构课程模块，开掘传媒类专业的思政价值、思政维度、思政理念、思政目标、思政元素、思政意识等与传媒范畴的关联性，进而探寻实现课程思政的有效路径。

本书面向高校传媒类专业教师、传媒类研究生和传媒领域从业者，尤其适合新闻传播学学科类高校教师和在传媒领域从事新闻、广告和出版业务的新生代阅读。

责任编辑：李石华　　　　**责任印制：孙婷婷**

传媒类专业课程架构与思政元素

CHUANMEILEI ZHUANYE KECHENG JIAGOU YU SIZHENG YUANSU

高　萍　著

出版发行：知识产权出版社有限责任公司		**网　　址**：http：//www.ipph.cn	
电　　话：010-82004826		http：//www.laichushu.com	
社　　址：北京市海淀区气象路50号院		**邮　　编**：100081	
责编电话：010-82000860转8072		**责编邮箱**：lishihua@cnipr.com	
发行电话：010-82000860转8101		**发行传真**：010-82000893	
印　　刷：北京中献拓方科技发展有限公司		**经　　销**：新华书店、各大网上书店及相关专业书店	
开　　本：720mm×1000mm　1/16		**印　　张**：14.5	
版　　次：2022年11月第1版		**印　　次**：2022年11月第1次印刷	
字　　数：200千字		**定　　价**：88.00元	

ISBN 978-7-5130-8438-3

前 言

谈我国高等院校的本科教育，话题性不强。面向具有书写表达力的传媒类专家、学者和教师这个群体，谈新闻传播学学科类各个专业的一、二、三，颇有些自黑的预设。但是，笔者还是要写！因为我们所关注的“传媒”是社会发展进程中一个重要的思想培养皿，而教育是一种唤醒。

这是一本写给高校教师的书，尤其是写给从事传媒类专业课程教学的同人。教师的角色何当？在高校工作，能使你“进京”留在大城市、保金饭碗、拥有稳定的谋生方式，但更应看到大学校园里的每个课堂、每张讲台赋予你的责任远远高于以上的一切。在高校办公区里，常可以听到教师口中的“孩子们”，这个称呼并不一定代表你有多么爱学生，有时反而感到有些“作秀”的成分。实际上，在教师面前，“孩子们”已经成为“学生”，学生有学生的规矩，大学生有大学生的规格，教师有责任对他们在学业上严格要求，在生活上真心关爱。如果没有这般情怀，一批又一批进入高校的教师就可能花费大量的精力，为了评职称、搏项目、拿经费、解决大城市户口等问题而去竞争那些名分或荣誉，甚至不惜各种手段，“卷”入身份外壳化包装的旋涡中。

迄今，我国高等教育已经进入提高质量、内涵发展的新阶段。近年来高校传媒类专业的迅猛发展，亟待办学主体梳理本科专业教育的学理性、思政性和技术性，采用一些更为科学和有效的评估方法测评毕业生的质量。同时以此作为提升高校教师专业教学水平和学养的“抓手”，在本科专业师资实力薄弱的地方遏制传媒类专业的野蛮生长。

2021 年 9 月的中央人才工作会议对于高校的人才培养工作形成一次重要的鞭策，因为人才培养质量的根本和关键在教师，在教师的整体素质和责任担当！尊重教育规律，是高等教育立德树人的客观基础；坚持科学与人文价值取向的结合，是大学生构建专业思维理念的认知逻辑。

国家关于高校“新工科”“新文科”范畴的指导意义何在？本书所要阐述的“传媒类专业”，正在社会传媒业界的牵动下从传统“文科”走向现代“全科”。需要我们重新审视的是，科学包括自然科学和社会科学，除此之外还有人文学科。社会科学和人文学科的研究对象可有同一性，但其研究范式绝不可归一。

互联网是全球的，传媒是世界的，传播生态下的共同体已经形成。“信息技术的变革不但使传播冲破了国与国之间的地域障碍，也带来了传播主体、内容、渠道、受众和效果的变迁，引发了从国际传播到全球传播的研究转向，更将带来全球传播秩序变革的契机。”[1] 面对世界百年未有之大变局，在高等教育阶段思想活跃的青年学生，其学业选择和价值观养成正处在摇摆甚至震荡中；面对数字网络与智能设备的全面渗透，当代传播环境和传媒工具已经发生了巨大变化，专业教学改革和课程升级势在必行。如此关头，当学生提出某些问题，责无旁贷要走上讲台的专业教师怎么开口？怎么解读？怎么结论？相信有一些教师针对这些问题困惑过、选择过和讨论过。在高等教育本科阶段的教学中，各个专业的培养目标和课程内容有的需要改变，但有的绝对不能改变！如何变革？依据何在？党中央的媒体融合战略和新时代新阶段的创新发展政策与

---

[1] 邵鹏，邵培仁．全球传播愿景：新世界主义媒介理论研究 [M]. 杭州：浙江大学出版社，2022：5.

目标如何体现在院系级管理的学科、专业和课程设置中？高校的管理者和有关部门每年都对教育改革问题提出明确的计划，每年也都给予相当的经费投入在教学改革和课程建设项目上，但是成果如何呢？学生满意吗？教师满足吗？专业教学管理和任课教师的授课水平永远是培养高质量本科专业人才的基本保障，但就目前总体而言，高校部分教师和学生对“专业”和“课程”意义的认知还远远没有达到应有的地位和高度；对于近年来高校主管部门倡导的“课程思政”还不能给予精准和全方位的把握。

学科是知识的分门别类，专业是学科与社会行业需求的结合点。如此，本书将聚焦笔者所在的传媒类专业，基于新闻传播学一级学科的学理逻辑，以2018年教育部颁发的《普通高等学校本科专业类教学质量国家标准》为政策性规范依据，针对目前在我国高校占比较大的“新闻学”“广告学”和“编辑出版学”等几大专业进行课程模块架构，进而探求和分享传媒类专业实现课程思政的路径。

一、价值看点

1. 以课程的底层逻辑坚守本科教学的“高等基础性”和“高等专业性”

与研究生教育的“专业方向性”和“研究探索性”不同，本科教育具有“高等基础性”和“高等专业性”两种本质属性，由此决定了本科教学在专业课程架构上要具有系统性和框架性。本书通过逻辑演绎的方法层层挖掘传媒类专业的任课教师在学科、专业、课程、教学、课堂等场景下的一系列职场动作，有规定的、有创新的、有学术的、有实践的、有课上的、有课下的，都是高校同人在彼此同理心中的相互感应和理性反思。

完整性的学科知识框架意味着对学生未来职业发展的可持续性。布鲁纳的结构主义课程论主张课程内容以学科的基本结构——科学知识的基本概念、基本原理为中心；钱学森也提到，关于一个学科的知识体系要由学科历史、基础理论、应用理论三个部分组成。依照传媒类专业课程在学理上的底层逻辑，本书在专业核心课范畴之上增加一个“主课”概念，即超越于专业核心课（构成专业框架的系列要素课程）的学科级基础必修课，在遵循《普通高等学校本科专业类教学质量国家标准》规范的同时，着力在“当代”“思政”和“科技”三个关注点上。

“传媒”议程设置中的取景与选框已经自带导向；“传媒”的内容诉求中已经自带立场；“传媒”的话语方式中已经自带逻辑。这些早已打下传媒人自身的意识形态烙印。传媒类专业理论课程自身带有与生俱来的“思政”属性。

2.“课程思政”不是“课程 + 思政”

传媒类教育的底层逻辑充满思政氛围。思政价值、思政维度、思政理念、思政目标、思政元素、思政意识等与传媒密切关联。从决策层倡导到执行层落地，每个环节自然流畅，顺理成章。切勿将“课程思政”仅仅理解为一种教学“要求”。实际上，“课程思政”正是新闻传播学学科类专业的培养目标使然。这里笔者无意将传媒类课程“泛政治化”，知识毕竟是知识，理论毕竟是理论。然而，传媒与传播不仅是社会科学，同时也具备人文学科属性，因为传播的对象是人！课程原理与思政价值是水乳交融的。课程思政不是政策指令，而是传媒类课程的学科要求。读文件讲报告是“课程 + 思政”，课程思政是传媒类专业课程的底层逻辑关联。多数高校教师的学业背景是学科型的，新闻传播学学科类专业需要任课教师学养深厚、视野宽广、情怀博大、思路常新、理念先进。

3. 线下与线上同质课堂，科研与教学同向进益

“教育是改变世界最有力的武器。”文科知识的日常化和软脉络常常难以抓住学生，如何使学生课上兴奋过瘾，课后意犹未尽？这个标准并不高，却很难做好。

学术要硬核化。学生已经耳濡目染的东西不能在课上现象级重复。前几年大学生热衷的短视频（现在有些学生不再热衷）以节奏快、耗时短、内容新、社交强及多感官联动等优势被社交化，进入人们的碎片化时间后很快成为搭建讯息、获取社交、供人们娱乐消遣的新载体。这时不少研究者的注意力都集中在短视频大数据的应用上，以求流量变现，追求商业效益的最大化。而法国人类学家让·鲁什提出的“分享人类学”和“人类学虚构”等观念，却能让学生看到短视频市场背后的人性追随。上新理论，上高层次，理论和实践碰撞出的不仅是学术火花，还有学生的认知模式，学习的方法论等，其意义和价值不言而喻。对喜闻乐见的传媒现象进行学理解构，正是传媒类本科教育“高等专业性”的要求。故此，教师已经获得的学历、职称、权位等，都不一定能够替代或代表真学识，学生信服的是言传身教的“大先生”。

再如，关于“媒介融合”，“融”什么，怎么“融”似乎已经老生常谈了，从学理到政策不仅有学术概念和执行方法，也有政策指令和明确的评价标准。但是至今，讲媒体的专业教师如果仅仅通过有限的理论阐释不一定能够理解通透。如何判定“媒介融合”，即是否从相“加”阶段迈向了相“融”阶段：从“你是你、我是我”变成“你中有我、我中有你”，进而变成“你就是我、我就是你”，这是政策指导，也是专业实践，还是课程思政。今天的社会发展变局需要传媒类专业教师与时俱进，不断深度研究理论与实践、政策与专业、课程与思政的学理逻辑。

当代技术驱动下的“传播”甚嚣尘上。风起云涌的一次次传媒事件印证着马克斯·韦伯的预言：社会生活将成为由“技术”统治的实验室。有些算法建模、有些内容观点、有些作品案例固然产生了商业回报，但在文化品位和精神价值上却不一定符合人民的切身利益和我国的政策导向。“科学知识是一种平行的分布式体系”[1]，需要在人文学科的范畴下进行审视和价值判断。在传媒类专业，教师的科研立项和课程教学的相关性最近，课程思政与学生心灵的“量子对撞”最可能发生在为人民服务的党的宗旨上，为了今天社会公众的身心健康，专业人当做专业事。

二、内容特色

1. 强化“科技观”，贯通“当代科技”

尊重科学规律，充分发挥技术的正能量，同时以人为本理性防范“技术的报复”。传播是人类的精神交往，传媒类教育首先应被纳入人文学科范畴，而不仅是社会科学和自然科学。大数据、算法、云计算、人工智能、VR、AR、MR、XR、CR 等技术在随时影响着传播效果：XR（扩展现实）对虚拟现实的延伸技术，为多媒体展厅提供了迭代升级的新机会；CR（影像现实）虽然解决了视角问题和晕眩问题，却也能以假乱真，干扰人们对真实场景的识别，为“假新闻”提供了有效工具；面对元宇宙或超元域，引导虚拟世界的心理归真，技术带来的不仅是事物效率效果的提升，还能带来对人类本体可能的身心伤害。算法建模的效益追求，将人文学科范畴下的传媒与传播原理带入纯粹的商业模式中。如此，亟待人们的清醒认知和理性防范，技术当用，但要选用。传媒类专业课程在人文学科意义上的价值判断和导向性与生俱来，除了技术话语权，还应该同时密接思政。

---

[1] 凯文·凯利．失控：全人类的最终命运和结局 [M]. 陈新武，等译．北京：新星出版社，2010：762.

2. 强调“课程思政”元素的与生俱来，与学科逻辑同伴相随

心有猛虎，细嗅蔷薇。“半截皮带”“半条被子”“三年不饮湘江水，十年不食湘江鱼”等红色故事不仅感动过我们，也感动了年轻一代的大学生。这里，有多少感人的事迹等着我们写好、拍好，讲好中国故事，讲好品牌故事。

新闻、广告、出版等传媒类行业都要讲导向，“品牌翻车年年有，是谁在惯着低俗营销”？坚持以文化创意正能量为品牌养生，故事可以“电视连续剧”般持续供给品牌迭代的永远刚需，使品牌形象生机盎然并不断升级换代。运用优秀文化创意品牌故事，需要专业传媒人具备深厚的文化底蕴和人文学养，深刻理解人世间的情义、仁义、狭义、仗义、道义、大义和正义，挖掘学科逻辑中的思政元素，在品牌策划环节摆脱“阴谋论”之嫌，让阳光下的专业传媒人成就品牌的人性光芒。

3. 强势打造学生主体、教师主导的课堂生态

课堂角色泾渭分明，“只要能够保护好学生对名利之外价值的向往，只要能够保护好学生对于世界的好奇心，我们的努力，就值得”。这句话来自一位笔者钦佩的师长，他虽已退休多年，但始终在教育领域观察思考着、指导进益着。课堂上学生如果不听不学，教师就是“投入个寂寞”；学生发散性提出问题，教师及时引导纠偏会事半功倍。尊重学生，不能小觑 PPT 课件的牵引作用。

三、结构导读

专业是学科与职业的结合点，是学科知识与行业需求的交叉点。“新工科”“新文科”的发展必将使当代科学技术应用于传媒类教育，当代新闻传播学学科类的专业人才，是在国家实施的新时代人才强国战略指导下，文理兼备，具有当代媒介素养和人文学科的深厚底蕴，深谙传播与传媒学科知识与原理，掌握当代科技应用技能与技艺的复合型人才。

第一章 学理与思政理念

“传播是一切社会交往的实质”，“传媒的本质是构建社会关系”[1]。在这一章里，本书分析了高校传媒类教育的学理基础在于连接性理论、网生性理论、传媒技术的可供性理论和传媒影响力理论等；剖析了传媒类教育的思政价值，创新性提出人格、知能（知识与能力）和责任三个思政维度；解析了“媒介融合”的学理性和使“党和政府的主流媒体声音在全网场景中共情”等思政理念；梳理了高校传媒类专业研究需要的辩证思维、互联网思维和批判性思维及方法论原则。

比如，批判性思维的表征是理性、公正、自律；它是一种思维机制，具有质疑精神和反思习性；它是一种充满理性的精神气质，现实社会的哲学家已稀缺难觅，教育家更是凤毛麟角，很多不是囿于知识匮乏，而是不具备科学思维和先进理念，不能与时俱进的问题。将批判性思维方法运用于传媒类专业课程的教学，才得以真正实现泾渭分明，正确站位，坚守原则，立德树人。比如，教师在课堂上阐述“娱乐”的心理学基础，却要同时强调不能“娱乐至死”。娱乐世界被粉丝及流量打造出的“明星”或“网红”作为公众人物，其一言一行却影响到成千上万的社会受众；重视大数据应用的实证作用，却不能只唯算法模型论高低等。

批判性思维是基于对世界、对人自身的认识，从尊重主体、赋能主体、发展主体入手，以优化现实生活的实践为导向，促进作为主体的人的全面发展，

---

[1] 陈卫星．传播的观念［M］．北京：人民出版社，2008.

这些本身就是思政内容。教师在自身深刻领悟并进入个人教育信念之后，才能发出真实有效的诉求，使学生更好地理解，收到良好的课堂教学效果。

第二章 专业与思政目标

坚持本科高等专业教育的规格，这是办学的底线原则。在这一章里，本书依照《普通高等学校本科专业类教学质量国家标准》的要求，再现了新闻传播学类专业共同的培养目标、思政目标和培养规格；提出了在新闻传播学类本科的专业基础性和通识性课中，设立加大课时加重学分的“主课”概念，以强调其地位（不仅必修）；明确提出“传播学”和“当代传媒科技”作为基础性主课，“四史”系列专题和“当代媒介素养”作为通识性主课，这是作为传媒类专业课程架构的四个基石性（主课）课程。

参照“2022 软科中国大学专业排名”中“新闻传播学类 A+ 专业”的打榜名单，分析了“编辑出版学”“新闻学”“广告学”专业排在第一名的三个院校资料，提出了以上三个专业办学的目标市场、人才需求、培养目标和知识与能力结构，进而对照专业，探讨其本科人才具体的专业价值观和思政目标。

比如，新闻学专业的价值观，我们给学生一个什么样的引导？书中使用大量篇幅，从学理到心理，从历史到现实，从国情制度到世界惯例等，力求回归初衷，寻回“新闻学”的本来面貌。本书提出了新闻专业精神里的速度、信度、温度、角度、尺度和高度六个方面的要素，简称“六度”。同时为应对新的传媒环境，力求完善新闻发布会制度。再如，关于“策划”的“阳谋”与“阴谋”的异质性问题，与笔者以往写过的广告学学术著作的观点相比有所进益，笔者不提倡“策划”这一概念的泛用，在新闻的议程设置和广告的营销传播中，可以有策略，但不能进入完全的策划状态。这应该是给新闻传播学类所有专业的学生一个在根向属性上的奠基石，一个不能动摇的理念，是专业价值观，具有方法论意义。

第三章 课程与思政元素

先规范，后创新，这是笔者多年教学实践的原则，也是本书的底线。关于传媒类专业课程架构，本书在学科类知识“主课”的基础上，提出了专业类课程主要由专业基础课、专业核心课、专业特色课和专业方向课四个模块组成。主课与四个模块课程之间的关系是交互的，主要揭示课程的地位和重要性。然后，笔者以“广告学”专业为例，具体分析了“广告学”专业本科课程的系统性和框架性，并解构了这些专业课程之间的逻辑关联性。

归纳与演绎，场景转换，课程将通过课堂教学实现专业的培养目的。本书在这一章里着力于反思和探索传媒类专业课堂的教学效果，以进一步整合和构建传媒类专业课程思政元素的素材库。

这是一个互为师生的时代，当代大学生对于目前高校课堂的兴趣和认可程度是教务处和授课教师们事先不敢乐观的。“破局”的首选是任课教师对教学内容的“对象化”设计：教师备课的切入点应该是学生的“密接语境”，即学生所在高校、所在院系、所在专业的办学定位，这些定位往往与社会行业机构关系紧密。其实，众多大学生感兴趣的元素就在我们身边，且多数都是思政元素。学习的本质首先是为了传承优秀文化和价值观，为了提高民族素质和个人幸福感。知识与能力，技术与方法，不都是工具和途径吗？

“狮子不必咆哮。”任课教师是否认知到心，爱心到位，责任到岗，从开课的第一张 PPT 课件就能反映出来。本书在多处以“关注点”的形式提醒任课教师在备课等环节充分准备这些涉及课程内容的新动态、新技术、新思潮等热点。

让思想的力量去赢得学生！

在书稿撰写期间，正值笔者参加了以《加强研究生导师队伍建设，推进研究生教育高质量发展》为主题的高校研究生导师专题网络培训，中国计量大学标准化学院原院长李丹青讲授的专题“研究生与本科生培养差异点辨析及把握”，解答了关于高等教育本科学历的标准化规格问题，为了保留其权威性，本书将其相关内容直接引用于此。在这里也特别感谢李丹青的讲授及“学习公社”线上平台的支持和奉献。

在此，有必要特别说明：面向教师读者，本书选用了“PPT”的图片形式，其中一些就是笔者本人课堂使用的课件。有关图片或文字资料只要有明确出处的，笔者都做了引用标注；但是还有一些内容经年已久，实在难以找到出处。如果原创作者觉得不妥，请直接联系笔者本人（微信号：Gaopingteacher），先敬谢。

目 录

第一章

学理与思政理念

《中华人民共和国高等教育法》明确规定了我国高等学历教育的学业标准，并针对本科生、硕士生和博士生三个层次制定出不同的规范。

《中华人民共和国高等教育法》第十六条针对本科生的学业标准是，“本科教育应当使学生比较系统地掌握本学科、专业必需的基础理论、基本知识，掌握本专业必要的基本技能、方法和相关知识，具有从事本专业实际工作和研究工作的初步能力”；硕士研究生教育的学业标准是，“应当使学生掌握本学科坚实的基础理论、系统的专业知识，掌握相应的技能、方法和相关知识，具有从事本专业实际工作和科学研究工作的能力”；博士研究生教育的学业标准是，“应当使学生掌握本学科坚实宽广的基础理论、系统深入的专业知识、相应的技能和方法，具有独立从事本学科创造性科学研究工作和实际工作的能力”。以上三种学历教育在培养规格上的差异可以从“知识”“技能”和“能力”三个方面进行要点比对，如表 1–1 所示。

表 1–1　本科生、硕士生、博士生学历教育在培养规格上的对比差异

规格	知识	技能	能力
本科生	比较系统的基础理论和基本专业知识	必要的基本技能与方法	从事实际工作和科学研究的初步能力
硕士生	坚实的基础理论和系统的专业知识	与理论知识相应的技能与方法	独立从事实际工作和科学研究的能力
博士生	坚实宽广的基础理论和系统深入的专业知识	与理论知识相应的技能与方法	创造性从事科学研究和实际工作的能力

数据来源：中国计量大学标准化学院原院长李丹青讲授的专题“研究生与本科生培养差异点辨析及把握”。

可见，本科学历教育以系统性和基础性为特征，要求本科学生具有坚实的基础理论和系统的专业知识。其中，坚实的学理逻辑与系统深入的专业知识理念作为本科教育特有的定位，成为高等教育培养本科合格专业人才的标志。学理逻辑蕴含并承载着知识实体与思维方式，在思维和知识的历史进化与现代化进程中，没有学理逻辑就是枉谈知识的系统性；没有科学思维难以研判观点理念的正确性。

学理即自然科学、社会科学原理或人文学科推理。学理旨在通过人类理性的逻辑脉络开掘研究对象的内在关联，以构建某一确定领域（范畴）科学完善的知识体系和理论范式。无论是自然科学还是社会科学，无论是客体科学还是人文学科，学理都是指导人们构建理念的基础知识和学术思想，是驱动人们实践活动的理论基础和行为纲领。作为共性与个性、一般与具体，学理呈现在法学领域即为法理；呈现在医学领域即为病理；呈现在数学领域则为数理；呈现在文学领域则为文理（尽管人们习惯上不常这样理解），诸如此类。学理在高等教育体系中既如思维认知之纲要，也如人文情愫之灵魂，其在高级专业人才的知识结构和能力机制中的地位和作用是难以撼动的。

目前我国高等院校面临的思政课程教育与课程思政教学使命，就是将基于“四史”（中国共产党党史、新中国史、改革开放史、社会主义发展史）的政理作为必要的养分元素浸透在大学生“三观”的土壤里，以符合人文学科和社会科学规律的理念形态进入课堂，融于学科课程的指导思想和价值取向中。思想纲领决定行动指南，这也是我党在《中国共产党章程》总纲里要申明“中国共产党以马克思列宁主义、毛泽东思想、邓小平理论、‘三个代表’重要思想、科学发展观、习近平新时代中国特色社会主义思想作为自己的行动指南”的基本逻辑和科学溯源。

新时代面临新的学术语境和社会坐标新格局，学理自身也待提升和进一步完善，甚至需要一种时代化的升级。但无论如何，在学理的进益中都会有永远不能变的东西，也有必须改变的东西。在新与旧的学理之间，会有并行，也会有交错，那是一脉相连的继承与发展，当然也会突破与创新，甚至是颠覆性的。这需要学者洞悉新学理与旧学理在理论视角、技术方法和学术范式上的辩证统一。

一、“传媒类教育”范畴

“范畴”本是一个哲学术语，这里概指事物或研究对象被归类后的共同属性。范畴是关于事物种类本质属性的描述，即可以明确界定的概念内涵。

（一）“传媒类教育”的内涵与思政价值

1.“传媒类教育”的内涵

“传媒类教育”是基于传媒与传播学界的理论知识原理和业界的应用实务的一切专业性教育。“专业”有学历教育和非学历教育之分。在高等教育领域，教育者和学习主体认知这一范畴的一个基本思路，可以按照哈罗德·拉斯韦尔关于传播学“5W”的要素：谁（Who）在说、说什么（What）、通过什么渠道（in Which Channel）、对谁（to Whom）说、取得什么效果（with What Effect），勾勒出“传媒类教育”的边界。

提到“5W”，有人会认为这是一个不能适用于新时代——全媒体和融媒体环境下解构传播要素问题的已经过时的理论（笔者曾直接听到此类观点）。实则相反，新媒介、新技术、新环境和新形态的产生，都要建立在底层基础上，其根向属性不会改变。忽视了这类基础理论和经典学说，正是目前人们难以构建精确且权威性的新传播模式的主要原因。传媒技术决定论虽然有效但又是片面性的；传媒环境决定论虽然有用但又是模糊的。无论任何时代，传媒人应该具备扎实的基本功，主动驾驭科学技术而不是被技术的力量所裹挟（胁）。关于这一点，本书将在第二章专业篇里做出详细阐释。

经典或传统的传播学“5W”理论，揭示的正是构成人类社会传播活动的本体要素、属性内容及交互关系。所谓“本体”，即与传播行为或传播活动同生共存的基础要素，并以此为底层逻辑，帮助我们探寻当代全媒介传播活动中“5W”的内涵进化和创新形态。

- 传播者：包括专业传媒机构、自媒体人、互动平台上的讯息接收者等
- 传播内容：传播信息或讯息的载体符号组合、内容形态等
- 传播渠道：承载传播内容的媒介物质载体、传媒科技与媒介工具形态等
- 传播受众：直接的传媒内容消费者、被激活的在线的平台用户等
- 传播效果：传播受众的反馈、传媒影响力、品牌声量、IP流量等

如上五个领域的内容，以及由此衍生的五大分析：关于传播的溯源分析、传播内容分析、传媒渠道分析、传媒受众分析和传播效果分析，都属于“传媒类教育”的知识传播和教学科研应用领域，这就是“传媒类教育”的内涵。“传媒类”范畴蕴含的广阔空间，已经涉足人类学、社会学、心理学、政治学、

经济学等社会科学与人文学科，也涉足统计学、人工智能、计算传播学等自然与社会科学的交叉学科。

在今天的中国，无论是综合类的大学还是规模不同的学院，迄今仍然没有涉足“传媒类教育”学科或传播传媒专业办学的高校已经凤毛麟角。即使如财经类（如中央财经大学在2021年的本科招生中就有）、交通类（如北京交通大学）、体育类（如北京体育大学）等这类看似离传播活动和传媒技术“较远”的高校，都或早或晚地设置如新闻传播学科类的学院或传播学、广告学等传媒类的专业。在传媒科技越来越驱动社会进化，终端渐入性主导人类生活形态的今天，把“传媒类教育”作为高等院校的重点发展学科或专业，无疑将是一个难得的历史发展机遇。毕竟，传媒类教育多属于应用型教育，上手快，好就业，软件与资源易得，考核与评估条件和标准相对性强。

传媒教育需要一个持续不断的提升过程，从媒介素养到媒介研究，需要设计系统化、专业化的传媒教学体系。作为专业传媒人的摇篮，高等院校及其传媒类教师的责任与使命任重而道远。传媒人的成功不仅是得益于商业技巧，更重要的是文化境界。市场经济体制下传媒业的生存与发展一定会形成产业链和商业模式。这是立足点，但不是唯一的目的，传媒教育的特殊性就在于“传媒”与人文、文化、政治、经济的直接作用与反作用。传媒的价值引领、舆情导正、联系社会、传承文化、监督守望等功能要求专业媒体人具备很高（而不是较高）的人文素质和国史、党史等历史学养。传媒类教育过于商业化的人文危机，操作技能高于专业素养的功利取向，话术套路多于文化熏陶的培养方案，难道不是形成传媒乱象的根源之一吗？

2.“传媒类教育”的思政价值

众所周知：教育与医疗是人类社会两个至高无上的阳光事业，前者为育人养心；后者为疗身愈体。故才会有“教育是太阳底下最光辉的事业，教师是人类灵魂的工程师”之誉。然而，教育的特殊使命，尤其是传媒类教育至高无上、不可替代的“服务”社会功能，却是站在高校讲台上的每一位教师难以参透的。这里的“服务”意义非凡，因为传媒类教育范畴自带极强的政治性和文化性，要求教育者具备更强的自觉性和自律性，一方面坚守“四个意识”（政治意识、大局意识、核心意识和看齐意识），另一方面具备批判性思维方式。

在各类教育中，传媒类高等专业教育更加凸显其涵化功能和价值导向作用。与其他领域教育显而不同也显而易见的是，传媒类教育从内容与实践，从理论知识到应用技能，其中的技术影响力和专业渗透力，即使是对学习成绩不够理想的大学生而言，也将产生不可低估的影响力。传媒类教育的通识性、文化性和意识形态化，使其具有高屋建瓴的精神塑造和价值引领作用，还有意识形态构建作用，其独特的价值观塑造功能、通识教育地位和社会文化影响力，决定了传媒类教育自身具备极强的思政属性。“传媒类教育”的思政价值蕴意集中体现在以下几个方面。

第一，传媒类教育要提升专业传媒人的辨析能力和政治素养。媒介呈现与话语权的使用都是有立场的。传媒与生俱来的文化属性无时无刻不在浸染着人们的视听和身心。传播媒介涵化并重构着人们的方法论和思维方式；传播媒介引导并控制着人们的思想动机和心理反应；传播媒介构建和引导着人们的文化情操与知、情、意。在某些情况下，传播内容及引发的舆论导向可以直接操控人们的思想乃至行为。今天的在校大学生，也正是明天要握有媒体话语权的发声人，所以针对专业传媒人的培养就显得尤其重要！

构建在校大学生的政治素养，这是摆在高等教育第一位的专业培养目标。使传媒专业的学生具有充分的辨识能力，才能坚守原则和立场，并自觉和自律地选择正确的政治站位。近年来，党和国家领导人提出的“打造具有强大引领力、传播力、影响力的国际一流新型主流媒体”的目标，向高等传媒类教育提出了要努力建设一支“政治过硬、本领高强、求实创新、能打胜仗”的青年拔尖人才队伍的培养目标。

第二，传媒类教育要培育专业传媒人血浓于水的家国情怀。传媒内容的议程设置与文化导向都有其明确的目的，即培养热爱祖国、热爱人民的专业传媒人。传媒载体的技术性和传播内容的影响力使其同时具有科学和人文两重属性。传媒类教育的学术家园应当是以人为本，坚持“一切为民”的价值取向，甄选大数据和人工智能及算法建模的人文空间。

在科学与人文的交织中，主导传媒一切要素的灵魂应该是爱党爱国、保家卫民、自立强国的理想信念。诚然，传媒的日常运营需要通过科学建模等大数据应用以挖掘受众需求，但是传媒的特殊属性决定其在市场经济体系中首先是文化实体，由此决定了传媒与人、与社会及各类群体之间的人伦关系、人文价值关系和文化养成关系。如此，传媒更应担当起国学、人类学、艺术、哲学、历史和文学价值引领与传承的使命。目前传媒类专业多以新闻、广告、新媒体、传媒经济学、媒介经营与管理等大量操作技能和市场业务课程挤压传媒类的人文学科课程，以能够考量的现象级经济目标为设课依据。这在一定意义上，也是形成当下传媒各种乱象的根源，不断更替的新生代对“四史”一定程度的匮乏甚至无知，是当代世俗主义对人本精神的剥夺，势必会影响他们对我国社会主义制度的认知。

沉浸在虚实迷思的媒介世界，更需要专业传媒人养成一种深邃的思考习惯和宽厚的人文情怀。无论是公益传播还是商业传播，传媒活动的本质都是为了求得沟通与共识，故传媒教育的灵魂是构建专业素质基础上的人文情怀。传媒人需要了解国家、民族、现代人文和国际主义等，传播以社会主义核心价值观为取向的主流文化。无论是为了探求传媒社会效果的学术性质化研究，还是为了服务客户经济效益的商业性量化研究，都将具有某种主导性的，然而又约定俗成，能够达到共情的东西，并以此实现人与人、人与社区或组织、人与社会之关系的和谐同构。传媒人首先要有情有义，这里的“情”，包括国情、民情、亲情、爱情、友情等各种以人的健康发展为核心的情愫。一切传播的目的是“人化”共享，“共识”沟通，“共情”行动。以“家国情怀”为纽带的文化价值观将成为影响人们行为的传播生产力，以此实现举国上下共同利益的国家强大与民族复兴的中国梦。

第三，传媒类教育要铸造传媒人的思想灵魂。今天，传播媒体已经深度浸入社会的各行各业及人类生活，人们深度沉浸在传媒世界里已经成为日常。不得不说，传媒在潜移默化中持久而深刻地影响着人们的世界观、人生观、价值观的“元结构”。

传媒的意识形态化本能会影响青年学生的“三观”构建。人们世界观、人生观、价值观的引擎是文化认知，而文化的动能是思想。“社会学和人类学，基本上属于传播学这一总范畴”[1]，传媒反映并影响着人们世界观的构建、形成和价值定向。显而易见，传媒类教育的核心功能是强化传播学知识与原理的思维定式，并引导传媒类教育对象的文化价值取向。故此，传媒类教育的课程模块除了传播类、营销类、艺术类、媒介技术类等倾向于策略与技艺属性的内容，还应该加大社会文化类，尤其是民族优秀传统文化类和国学类的课程。同时注重提升“四史”课程效果。传播学是在与新闻学、信息科学、语言学等学科的交叉互动中问世的，传播学揭示了人与人、人与社会关系构建的驱动力。以传播学为基础的传媒类教育始终围绕人与社会（这里包括了各类社会群体）的关系这一核心问题，通过告知、引导、劝诱等传媒方法论，塑造人类的“三观”，构建起整个社会的政治与文化、经济与商业世态。因此，传媒类教育通

---

[1] 诺伯特·维纳. 人有人的用途 [M]. 陈步，译. 北京：商务印书馆，1978：18.

过打造人的灵魂，担负着社会生态及其健康发展不可替代的历史责任。

传媒类教育的目标是培养传媒人的专业素质和以专业知识与专业理论为基础的专业原则，这里要强调也是非常重要的培养目标就是构筑专业底线。高校传媒类人才的专业素质包含了本国民俗民情和国家精神，并具有主流价值观和丰厚文化底蕴；高等传媒类人才的专业原则是以国家和民族大业为己任的“三观”和人文价值取向。高校传媒类教育，首先需要培育与养成的是高等传媒类人才的知识理念学养体系，使其有足够的“元知识”持守其“三观”的科学与人文性，归属思想灵魂和文化品位层面；其次才是传媒类的各项专业技能教育，归属实践技艺动手能力层面。比较二者的关系：前者不是虚无的，没有前者就很难有后者的正能量表现。影响甚至决定专业传媒人思想灵魂、文化品位和实践技艺动手能力的，是当代大学生的思维方式。我们感叹：在迄今为止的各种类型各个层次的教育中，还缺少思维学方面的系统教育。值得欣慰的是，华中科技大学启明学院于2008年在国内首开独立的“批判性思维”课程。随即，汕头大学将“批判性思维”课程作为全校本科生的必修课；清华大学也于2015年开设了“批判性思维”课程。迄今，全国已有数十家高校相继开设了“批判性思维”课程。另外，如北京大学、中国人民大学等少数高校也开设了与批判性思维相关的课程。同时，还有一些高校陆续恢复和重视起“形式逻辑”课程，但仅有这些还远远不够。要以最大的可能性拓宽当代大学生的知识面和中外文化涵养，要构建或完善大学生科学与人文有机交互的思维机制以适应多领域多维度多元文化交合中对主流价值导向的辨析和社会需求，传媒教育不仅要重视技能方法论方面“术”的培训，更要面对“百年未有之大变局”下新时代的纷繁复杂和迅猛嬗变。近年来国内外多例事件证明：人文学科与社会科学领域的问题越来越依赖思维和研究方法的“逻辑性”，越来越依赖先进文化符号的沟通。故此，铸造专业传媒人的思想灵魂和文化品位，传媒类教育需要强化人文教育，需要优秀和先进文化的启迪。

（二）传媒类教育的专业布局与思政理念

高等院校的传媒类教育是通过研究生阶段的学科布局和本科生阶段的专业设置得以实施的。根据课题的要求，本书在这里仅针对本科层次的专业设置，以2018年1月教育部颁发的《普通高等学校本科专业类教学质量国家标准》为研究依据。在该标准中，我国高等院校本科层次的传媒类教育归属于“新闻传播学类”（第96页），并以“新闻传播学类”作为一级学科命名。

1. 传媒类本科教育的专业布局

《普通高等学校本科专业类教学质量国家标准》中的“新闻传播学类教育质量国家标准”，列示了“新闻传播学类”即传媒类分布的七个专业及专业代码。

新闻传播学类（0503）：

- 新闻学（050301）
- 广播电视学（050302）
- 广告学（050303）
- 传播学（050304）
- 编辑出版学（050305）
- 网络与新媒体（050306T）
- 数字出版（050307T）

新闻学、广播电视学、广告学、传播学、编辑出版学、网络与新媒体、数字出版，这是目前在全国具有规范意义的传媒类学历教育本科专业的名称，很显然七个专业是按照我国高等教育的历史进程中传媒类教育的不断发展而排序的。反观今天，传媒无时不在，主流媒体的融合发展与自媒体（含机构、企业与个人）及平台化社交性智能网络终端的社会化普及；广播电视已全媒体化融合；网络与新媒体成为传媒发展的基础设施；传统的编辑出版难以独立生存，数字出版不是“选择”而是“必修”，传播的“绝对”渗透与贯穿已经不言而喻。故此，依照当今社会本科传媒类专业在社会生活和人类生存状态中的“显示度”，笔者把“传播学”作为七个本科专业之首，重点研究其两个应用传播专业：新闻学和广告学。

考虑到我国的市场经济体制，传播市场可以一分为二：以新闻为主导的公益传播；以广告为主导的商业传播。如此构成传播市场行为的全域。新闻学与广告学作为本科专业，既传统又现代，在当代传媒技术的加持下更加生生不息。故此，笔者将“新闻学”和“广告学”作为本书的主要探析对象。

“编辑出版学”与“数字出版”专业，虽然从诞生的时间上呈现出历史发展的脉络，但在今天我国出版机构的行业实践中，早已实现了出版融合。专业可以分开办，但人才培养要复合型兼顾。基于出版在人类社会文化与文明发展中的特殊地位和作用，在这里笔者也将其单独列出，作为本书的研究对象。

“网络与新媒体”是伴随传媒技术的迅猛发展而与时俱进的新兴专业，可喜在高等院校专业设置上能够及时应和市场需求；遗憾在人才培养过程中传媒技术应用型师资先天不足。该专业的成长基因在于与行业技术服务公司的全方位联盟，真正做到产学研用一体化落地，整体性实施。因本书的立足点在于思政，故未将该专业列入单独的研究对象。

“广播电视学”是历史发展进程中成长且成熟的传统专业，如果在培养方案中少涉及或不涉及网络新媒体，不涉及融媒体与全媒体相关的知识与能力体系，也难成就新型传媒人才。但可以把专业特色定位在广播与电视媒介研究的价值取向上。就我国目前的广播电视行业而言，实体丰裕，实践充裕，融媒体和全媒体进化迅速，传媒技术基本走在全世界同行的前列。基于我国广播电视机构的所有制属性，其政治性突出，多年来为专业教育提供了丰盛的教育教学资源，故此也未列入本书的单独研究对象。

如上思路，本书将“新闻学”“广告学”和“编辑出版学”专业作为主要研究对象，立足于思政性和技术性两个切入点，同时将“媒介素养”作为传媒类本科人才培养的“地基”，力求构筑一个坚实并硬核式的高等教育课程体系，实现新时期我国传媒类本科专业提高质量、内涵发展的新目标。

2. 传媒类教育的思政维度

针对传媒类教育，“思政”绝不是附加的，而是传媒教育类型本身自带的。传媒与传播的意识形态化属性及功能决定了传媒类教育自身与生俱来的思政性。传播学在本质上是一种关于社会及其发展的理论。传播研究者通过对传播主体、传播行为、传播受众、传播过程、传播手段和传播效果的考察分析，从不同层面揭示和呈现了传播与自然人和社会人，传播与社会机构，传播与社会经济、社会政治、社会文化纷杂烦絮的各种关系。一定意义上讲，无论国内外各种活动范围，传播都可能直抵政府政策和社会制度。故此，高等教育之传媒类高层次高水平人才的培养，绕不开也躲不过体现在传媒类专业教师和准传媒人的政治“站位”上，传媒类高等教育的思政维度分为人格维度、知识与能力维度、责任维度三个方面。

第一，人格维度：培育专业传媒人身心健全的人格。“人格”本是一个心理学概念，健全性的人格意指一个人在性格、气质、能力等特征方面健康的身心活动和道德品质，以及能够正常实施权利和义务的主体资格。“传播是一切社会交往的实质”[1]，传媒类专业多数的本科学生会以专业传媒人的身份进入传媒领域，无论是表象上的职业关联，还是本质层面通过传媒构建社会关系，拥有一个健康的身心和健全的人格是保障其职业生涯的前提。

[1] 陈卫星. 传播的观念［M］. 北京：人民出版社，2008：1.

第二，知识与能力维度：构建当代专业传媒人科学的知识与能力体系。以健全的人格为基础，构建起能够胜任传媒职业要求的知识与能力体系，这是本科高等传媒教育的专业区隔。作为专业传媒人必备的知识与能力体系，包括通识性的媒介素养、传播学学理基础和当代传媒技术应用能力等科学认知和技能体系。这里要强调的是专业传媒人科学的知识与能力体系依赖于合理的思维方式和正确的“三观”。

第三，责任维度：养成专业传媒人承担社会角色的责任担当。在健全人格和科学传播知识与能力体系的基础上，成就专业传媒人的必要条件就是其政治站位和人文学科价值取向，即拥有正确的世界观、人生观和价值观，自觉承担社会责任，这是专业传媒人的必备条件。除了“修身齐家治国平天下”的个人命运，专业传媒人要担当起守望社会责任。

二、高校传媒类教育的学理基础

学理基础即贯穿于高等院校传媒类各个专业或专业方向，作为高等传媒类教育的“一般规律”，需要高级专业传媒人才把握的基本概念、基本原理和基本理论。新时代人类社会呈现出生动而激荡、色彩纷呈又速变节奏的全媒介时空镜像。新传媒生态中的各种喧嚣与聒噪，自然科学与社会科学交织中的互联网 N.0、数字技术、5G 至 6G、大数据、算法建模、人工智能、元宇宙、AR、VR、MR 等，无时不在驱动传统社会传统业态各个领域的变革；2020 年起席卷全球的新冠肺炎疫情加剧了国际社会政治与军事、经济与文化的较量，人类共同体发生了前所未有的网络社交大迁徙及百年未有之大变局。大千世界中学理与事理的纠结加剧了青年学生的懵懂：思维被讯息偏向；讯息被媒介偏向；媒介被技术偏向；技术被人为偏向；人性被利益偏向，很容易衍生出一个思想匮乏——灵魂缺失的精神世界。

在这个一触即发，全媒介跨时空数字传播的互联网公民记者时代，作为专业传媒领域的高级专业人才，如何做到站稳立场，把准时代发展的大方向，创制能够醍醐灌顶的优秀传媒作品，以应对国内外各种风云变幻。应打造一个“人格＋知识＋技能”的坚硬内核，以坚守先进文化的主流价值观；坚持科学与人文交织的学术理念；坚固专业理念与实践原则，坚定新时代政治立场的自觉、新传媒技术的自控和新业态市场经济的自律三个关键机制，亟待构建以人文价值为取向，进而实现科学传播的世界观和方法论。

专业传媒人的自觉、自控和自律，都要建立在其对传媒与传媒科学认知的基础上，作为本科高等传媒类教育的学理基础，以下学理性概念的内涵与价值是专业传媒人首先需要掌握的开放性知识范畴。

- ◆ 连接性
- ◆ 网生性
- ◆ 传媒技术的可供性
- ◆ 传媒影响力

（一）“连接性”理论

1. 关于“连接性”

仅就说文解字而言，“连接”早已是我们生活中的日常习性和习惯用语，即使在学术领域也不是一个新词。然而，在数字网络得到普及发展的今天，“连接性”则以一个专业术语的形式，解释了在传媒领域既可以作为动词，也可以作为名词的“连接”其深远的学术价值和实践意义。2012 年 6 月，由荷兰学者何塞·范·迪克所著的《连接》一书问世；2021 年 3 月，由晏青和陈光凤作为该书译者的中文版《连接：社交媒体批评史》由中国人民大学出版社出版发行。晏青和陈光凤两位译者以“被委以重任的连接”[1]为序，推动了“连接”作为专业术语进入我国高校课堂。

“连接性”是至关终极社会生态的技术哲学问题。现代传播媒介技术的“连接”功能使相隔千里的人“在一起”，通过视觉元素的感性认知，彼此感受到与对方的社交亲密度，感知他人共同“在场”的存在，并能够聚合彼此的注意力，实现信息与情感的沟通和理解（当然也有相反的情形），不失如“同一时空”的相互依赖感。

从媒介本体论上讲，“连接性”是关于数字网络媒介从社交到平台各种构连关系和社会资源的理论。这一理论揭示了数字网络环境下社交媒体、社会关系和盈利机制三者之间的微妙关系，更以批判性思维视角，提出针对社交媒体的批判性思想和观点。

2. 数字网络媒介底层逻辑中的“连接性”

数字网络中的社交媒介具有“连接”的物性、介质层和功能性。传播媒介之连接，关乎媒介的物性与人性的连接；关乎社会个体之间、群体之间，以及个体与群体之间的连接；关乎传媒内容与商品服务的连接；关乎品牌传播与销售效果，即品效合一的连接；甚至关乎媒介权力与资本神话的连接。

在连接层次上的社交媒体，必然要涉及自动化系统工程和人为操纵之间的联结，涉及人—机系统中可追踪和编码的人—机背后人与人之间的关系。故此，人们对社交媒体的关注与研究必然要上升到平台理论，以拓展隐匿在平台背后的技术文化、社会经济乃至社会重组等复杂体系中的关系连接。这里不难看到，在社交媒体的背后或许就有某种风险资本的驱动。

早期的互联网用户曾记得，1998 年呈现在网络上的小说《第一次亲密接

---

[1] 何塞·范·迪克．连接：社交媒体批评史 [M]．晏青，陈光凤，译．北京：中国人民大学出版社，2021：5.

触》，引发了一阵阵的网恋潮；珍爱网上的智能推荐代表了一种新的爱情模式的诞生。之后，不管是淘宝网、大众点评网、京东网、猫眼网等“泛连接”，还是强连接引发的行为，弱连接传递的信息，这些本身都是从媒介的物性中衍生出来的，是人们——媒介用户们通过媒介的连接而生发的能动与行动。这些社交媒体作为新的生态系统，波及的不仅有人们的爱情观，还有风险投资；不仅有被操纵的情感，还有被编码的人际关系。

回望“连接”的媒介史，1999 年摩托罗拉公司智能手机上市，开启了移动传播的新景象；2001 年互联网泡沫破灭后生长起来的 Web 2.0，使计算机媒介的核心功能从储存转移到生产，从记录个人经历转移到能够生成群体甚至集体在场，这使连接本身走向社交网络和集成生产。有学者提出：连接性才是移动通信的关键特征，而非移动性。因为手机把个性化、分散的时间和空间连接起来，并使用户能够随心所欲地适时进入数字网络媒体与平台。

近年来持续兴盛的网络直播，使“社交连接”呈现出媒介平台的人性化趋势，接近于以非语言方式面对面的在场社交。网络直播以视觉在场的方式彼此连接了甲方与乙方，突破了传统媒体的“仪式化接受”，颠覆了门户网站或社交媒体上的文字狂欢，以影像在场取代了真人肉身的实体接触场景，这种穿过屏幕的“连接”呈现出“眼见为实”的拟态。

数字网络的连接性似德国的“魔鬼桥”，凸显出“桥”的意义。德国的“魔鬼桥”被誉为通往另一个世界的神秘入口，桥上的半弧造型与水中倒影相连一体，相得益彰，成为一个绝美的圆，被称为德国萨克森州的人间仙境，留下很多神秘的传说，其隐喻着连接具有无限的可能性！“桥”使连接共生、价值聚合、互动互联、即时跨界、协同共享。“连接”下的现代网络与数字技术的赋能延展，为传统领域创造了全新价值，如直播带货、华为造车、美的智能、犀牛智造等。技术的驱动与颠覆，为传统领域带来众多新的生活方式或新的经济范式。

在人际交往与社会关系、媒介权利与科技现代化中，“连接”被委以重任，成为观察当代社会的一面棱镜。如果将社交媒体平台视为构成整个社会生态系统的子系统，洞悉社交平台上的每一次变化，其“连接”的属性与效能都足以使整个社会生态系统中泛起涟漪。

由于人们拥有了自己的移动终端，也即拥有了虽然设置分散但可以随时接入的数字网络入口，移动通信设备也就建立起无处不在的、永久的连接的方式。作为整个社会生态系统中子系统的社交平台，便本能地融合——连接起社会政治与经济结构、媒体所有权与治理、文化与商业模式。

（二）“网生性”理论

1. 关于“网生性”

“网生性”，即伴随着互联网或者移动互联网与生俱来的属性，网生性媒介就是从互联网或者移动互联网直接诞生的传播媒介，这种传播媒介的基因无论是组织架构、内容分发，还是运营体系，全部都是互联网基因，是彻底的互联网形态、互联网方式。“网生性”这一概念是曾任星空传媒董事长的黎瑞刚于 2017 年提出来的，以此进一步准确界定了新媒介与旧媒介、互联网媒介与传统媒介之间的构连。黎瑞刚还进一步指出：具有网生性的媒介才有未来；网生性媒介才是未来的发展方向，也是其投资时关注的重点，因为其没有传统媒体的负担。

相对于传统媒介，网生性媒介在更新内容、构连用户、即时沟通、使用便捷等方面具有得天独厚的传播优势。在计算机应用、大数据及算法建模和人工智能逻辑下，网生性媒介不仅对社会的政治与军事、文化与教育带来了全方位的挑战，而且颠覆了经济与金融等几乎所有领域的运营和商业模式；同时对现实世界的延伸与虚拟世界的再造，赋予了人们更加辽阔而深远的认知和行为属性。

2. 传媒底层逻辑中的“网生性”

“网生性”具有全部的互联网基因，没有传统媒介的痕迹和负担，具有如下功效。

- ◆ UGC 内容：用户随时随刻能够推送自己的内容，满足受众对动态内容的刚需
- ◆ 大数据：互联网能够自动承载和留存系统内含和生产的全数据池
- ◆ 移动性：可碎片化地随时随刻随机满足用户使用传播媒介的各种即时需要
- ◆ 互动性：用户可选择自然或自愿地个性参与传播媒介推送的各种活动
- ◆ 转化：传播媒介平台化的各种功能能够实现信息传播后的品效合一
- ◆ 沉浸：万物互联之后的万物皆媒体可以把牢用户的注意力，实现传播目的等

基于“网生性”的客观存在和科学实证，人们在接触和使用数字网络媒介时，便由自发到自觉地形成了互联网意识、互联网精神乃至互联网思维（后面另讲）。正是“网生性”基因的强大生命力，使互联网具有打破地理界域和时间规制贯穿一切的互联网力量；具有黏合碎片聚合融汇的“创客”和“自组织”能力；具有“去中心化”“去权威性”和“扁平化”的再构能力和能量。

3. 网生性传媒具有自身的特质

媒体平台方可以通过前台推广和后台控制完成其各项大数据的累积与数据库建设，同时可以选择内容、操盘推送。用户可以“5+2”与“白＋黑”地沉浸在数字网络内容的汪洋大海中，并随时与圈、层、群落及好友等互动交流；用户可以充分发挥其创新创造和创意能力完成自己的传媒作品（UGC）上传，成为 UP（上传）主；用户可以利用碎片化时间随机、随时达成自己的购买需求并实现价值交付等。互联网与生俱来的网生性所具备的超凡功能，不仅开创了一个“四全媒体”的新时代，而且赋予人类新的思考方式和思维认知，形成

了人们的互联网意识和互联网精神。

互联网意识是指人们基于网生性特征而对数字网络媒介建立的相关概念、理念或信念，并伴随互联网技术性能的发展而不断升华。它包括连接意识、搜索意识、人人意识、共享意识、聚合意识、平台意识、合作意识、共赢意识等一系列可持续拓展的意识。如其中的“搜索意识”就是非常典型的网生性意识，这是一种主动求知和自主解决问题的意识，这种意识能够使人们养成从自发到自觉的搜索性学习、搜索性认知等搜索行为习惯。用互联网意识指导个人或组织机构的社会实践，便升华为“互联网精神”。

互联网精神是在互联网意识的支配下孕育出的关于互联网的开放、求真、平等、分享、协作等精神，其实效是合作共享，协同多赢。在互联网精神的支配下，可能呈现出平等分享、个体创新、机会公平、扁平连接、平台化共享与合作的社会新生态；可能促生人类全球化同步共振的技术效能与精神价值。这些精神正是滋养人们在数字网络环境下持续健康生活的时代特征。

互联网与生俱来的网生性，使其成为一个世纪性的伟大发明。互联网给人们提供了强大的实体物理性与无形虚拟性彼此交互的媒介工具，增加了人们的认知和研究领域，扩展了社会疆界并倡导合作共赢的伟大精神，使人类进入全新的生活方式。互联网使文学进入了一个难以呈现经典的时代，使艺术进入了一个雅俗共赏时代，使学术迈进了一个人人能够参与讨论并实现百家争鸣的时代，使各级各类教育成为一个互为师生的时代。

（三）“传媒技术的可供性”理论

1. 关于“传媒技术的可供性”

所谓“传媒技术的可供性”（Technological Affordances）中的“可供性”，本源于美国生态心理学家詹姆斯·吉布森（James Jerome Gibson）最早提出的

“可供性”这一概念。当初詹姆斯·吉布森的“可供性”旨在解释生物与环境之间的对应关系。他在1979年首次出版的《视觉感知的生态学方法》中，把可供性定义为“人在特定场所行动的可能性，存在于人与环境之间经由人的感知所形成的特定关系”[1]，即环境自身是客观存在的，它可以导致人的行为也可以限制人的行为，当然无论是“导致”还是“限制”，前提都是人能够感知到这种可能性的存在。随后，几位中外学者将这一理论引入传媒与传播领域，即演变为“传媒技术的可供性”。

2017年，复旦大学新闻学院的潘忠党教授提出了评估某种媒体可供性的具体指标，即“新媒体的可供性可分为三部分，分别是信息生产的可供性，包括可编辑、可审阅、可复制、可伸缩和可关联；社交可供性，包括可致意、可传情、可协调和可连接；移动可供性，包括可携带、可获取、可定位和可兼容”[2]。由此可见，源于自然科学领域的传媒技术可供性理论，其中蕴含的客观性与科学性。

2. “新”媒介底层逻辑中的“传媒技术可供性”

传媒技术可供性理论揭示了传媒技术在人们使用时具有一定的“主导性”地位。从一定意义上讲，数字技术拥有左右人（用户）的认知、态度、情感乃至行为的特殊效应，这种效应很多时候是主导性的。人（用户）行动的可能性蕴含在传媒技术中，并通过人（用户）的行为浮现出来。传媒技术不直接创造结果，要通过人（用户）的感觉和认知，并加以操作才能实现；人（用户）的力量能够实现结果，但是受控于传媒技术。

---

[1] GIBSON J J.Theecologicalapproachtovisualperception[M].Boston：HoughtonMifflin，1979：127.

[2] 潘忠党，刘于思.以何为“新”？“新媒体”话语中的权力陷阱与研究者的理论自省：潘忠党教授访谈录[J].新闻与传播评论，2017（1）.

一方面，传媒技术带有功能性，它赋予人（用户）的行动以潜力；另一方面，传媒技术又是关系性或关联性的，这种技术潜力的实现需要人（用户）与传媒技术之间产生真正的关系——人（用户）要有发现、设计和使用技术的能力。

潘忠党教授提出的关于评估传媒技术可供性的具体指标，将传媒技术的可供性能进行了细分，并列出相应的二级评估指标，如表 1–2 所示。

表 1–2　传媒技术可供性理论的一级和二级评估指标

一级	讯息生产的可供性	社交机能的可供性	移动便利的可供性	共性
二级	可编辑	可致意	可携带	资源丰富
二级	可审阅	可传情	可获取	
二级	可复制	可协调	可定位	
二级	可伸缩	可连接	可兼容	
二级	可关联	相对闭合 + 无限长尾		

传媒技术可供性理论的一级评估指标由三个部分构成，作为一级指标的讯息生产的可供性，包含了可编辑、可审阅、可复制、可伸缩和可关联等二级指标。这些指标考证并揭示的是传媒内容样态的多样化及媒体外部信息资源的丰富性，如创制可视化新闻或数据新闻的便利性；能否实现全民参与，能否构连出万物皆媒的传媒全景。

作为一级指标的社交机能的可供性，包括了可致意、可传情、可协调和可连接等二级指标。这些指标考证并揭示的是在完善基础的配置下，传媒技术激发用户群体的协作式幅度和深度，如“裂变”的程度——将一个有某种价值的讯息分享给好友；“私域”成长的速度——某流量池添加好友，即作为公共信息的生产从公共领域向私人领域扩展的便捷性等。

作为一级指标的移动便利的可供性，包括可携带、可获取、可定位和可兼容等二级指标。这些指标考证并揭示的是用户在某时空点上使用媒介的自由度，如场景的可供性，用户能否在任意时空都可以实现的碎片化、个体化、个性化的媒介应用等。

根据以上三种传媒技术可供性的维度加以区分，相对而言，在三种可供性上水平越高的媒体，往往就是越“新”的媒体，更“新”的媒体也将具有更加开放、更具解放性的力量。

传媒技术可供性理论上的意义在于突破了以往较为极端的传媒“技术决定论”和“社会构建论”，不仅探寻了在“技术决定”与“环境决定”之间的可能性，也在操作层面为传媒“行动者”与传媒“技术”之间寻找到一个可能的平衡状态。

（四）“传媒影响力”理论

1. 关于“影响力”

“影响力”是指其发出者发生作用的程度或力度的术语。影响力是指某人或某物，或某种现象能够左右其他人或物，或其他现象的动态能力。影响力的本质是一种控制能力，表现为影响力的发出者，如某人对于影响力的收受者在其认知、倾向、意见、态度和信仰及外表行为等方面合乎目的的控制作用。“影响力”范畴很早就在学术界引发关注，诸多学者多聚焦在传媒这一具体领域研究影响力的属性和作用。

影响力是指发出者发生作用的程度，影响力的本质是一种控制能力。关于影响力的大小及关联因素，罗伯特·西奥迪尼在他的《影响力》一书中用“影响力的武器”描述了六种因素：互惠、承诺和一致、社会认同、喜好、权威及稀缺。今天，我们也可以称为影响力的“密码”，这些“武器”或“密码”蕴含着驱动人们心理活动的能力，能够进一步引发人的行为。

- 互惠：获取其他人顺从的策略
- 承诺和一致：看到可信任的信息后采取行动
- 社会认同：根据别人的意见行事
- 喜好：容易顺从所喜欢的人并以此行事
- 权威：权威力量直接导致行为
- 稀缺：机会越少价值越高越能促发人的行为

2. 传媒影响力的本质

传媒影响力是通过传媒讯息的传播过程实现的左右他人行为的能力。传播主体通过对传媒主题的议程设置、传媒内容的策划与创意等策略和手段，提高传媒讯息对传媒受众的影响作用。传媒影响力的本质是传媒通过一定的资讯传播渠道和传播内容而对其受众的认知、判断、决策及相关的社会行为等方面打上属于传媒自身特征的“渠道烙印”[1]。很明显，影响这种“渠道烙印”的因素有很多，其中的要素包括传媒自身的公信力、传媒入口的到达率、传媒内容（符号）的冲击力及传媒主题的公众性（人民性）等。在此意义上也间接体现出传媒类教育与生俱来的社会性和公益性，也由此逻辑地演绎到其与生俱来的思政属性。

传媒影响力的发生建立在传媒受众接触并关注传媒讯息的基础上。传媒影响力产生的机制和条件要从传媒影响力的本质层面进行分析，具体分析如下。

传媒影响力发生之视点一：传媒信息能够吸引受众的注意并引起受众发生合目的变化，这是两个基本的前提。

传媒影响力发生之视点二：传媒影响力的本质是通过内容传播改变受众的

---

[1] “渠道烙印”是由中国人民大学的喻国明教授首先提出的，这一概念出现在他早期的诸多论文和著作中。

认知与行为，故传媒影响力的发生需要依赖和经过受众接触媒介、受众选择性理解和接受信息、受众改变态度和行为三个环节。第一，接触环节。以规模和特色凝聚受众的注意力资源。第二，保持环节。构筑受众对于传媒的行为忠诚度和情感忠诚度。第三，提升环节。选择最具社会行动能力的目标受众人群提升影响力。

传媒影响力发生之视点三：传媒影响力的发生需要四个维度的支持。第一，传媒内容辐射的广度。媒介能在多大程度上吸引受众注意，要衡量受众接触规模。第二，传媒内容切中受众的深度。受众对信息选择性理解和记忆的程度，要看受众接受信息的频次和理解与记忆程度。第三，传媒内容传播的强度。传媒影响力形成和维系取决于传媒内容对受众的影响。第四，传播的效度。受众由于接触和接受传媒内容而发生了在态度和行为上真实的改变及程度。

传媒影响力的大小既可以通过影响力大小之武器（密码）进行质化分析，又可以通过各形态媒介传播效果指标数据（如流量、收视率、到达率、发行量等）进行量化评估。质化与量化相结合，综合反映传媒影响的程度与控制能力。

“传媒影响力”的理论基础是法国社会学家塔尔德的“社会模仿论”，也称“社会模拟论”。这是塔尔德社会学理论的核心，故此他被称为“模仿理论的创始人”。塔尔德在其《模拟的定律》（1890 年）和《社会逻辑》（1895 年）中都提出：“模拟”是最基本的社会关系，社会就是由互相模拟的个人组成的群体；社会事实是由模拟而传播和交流的个人情感与观念。模仿理论从社会心理学角度研究并揭示出传播在人的社会化过程中发生的作用，以及传播对人格形成的重要影响。

3. 传媒影响力的价值塑造功能

“渠道烙印”是指传媒受众把传媒当作自己与社会建立联系又普遍联结的一种路径或工具，具有信息传递和交流的渠道或平台属性和功能。数字网络环境下，传媒已经深度渗入公众生活；人们深度沉浸在“万物皆媒体”的传媒语境中，传媒“渠道”逐渐演变成人们的生活方式，成为人们生活的烙印。这使标志着“渠道烙印”方式的传媒影响力得以最大化被发挥。从传媒影响力的塑造来看，“迎合”与“解构”就属于对立而统一的两个方面。

传媒影响力是通过传媒内容的价值塑造构成并体现在目标受众喜闻乐见的话语方式中。这里，传媒载体只起到中介作用，媒体机构将传媒受众与传播内容构连起来，形成一种价值塑造的过程。传媒通过制造能够吸引目标受众注意力的传媒符号，聚合受众的眼力和心力，引发其感性体验和理性认知，进而发生价值观层面的变化。传媒受众的价值观被影响的程度越深，说明传媒的影响力越大。

传媒影响力的价值观塑造功能是客观必然的，传媒类教育的思政意识源于传媒的本体属性和功能。

三、媒介融合的学理逻辑与思政理念

（一）“媒介融合”的界定

1. 关于“媒介融合”的学术界定

“媒介融合”是什么？媒介融合“融什么”？这不仅是传媒业界的实践问题，也是传播学界需要廓清的学理问题。媒介融合并非人的主观意志，早在2012年就有学者指出：“几十年前，一些未来学家预言我们正走向一个媒介集中的时代，即所有的媒介都融于一体——单个的、全能的数码网络系统媒介，由现在相互独立的电脑、电话、广播、电影、出版业等构成。预言中的媒介集中正在发生并仍将继续。”[1]关于“媒介融合”的界定，丹麦学者克里斯·布鲁恩·延森在2010年出版的《媒介融合：网络传播、大众传播和人际传播的三重维度》一书中指出：“媒介融合可以被理解为一种交流与传播实践跨越不同的物质技术和社会机构的开放式迁移。”[2]其中，“不同的物质技术”既包括报、刊、广播、电视等传统主流媒介形态，也包括PC互联网和以手机为主体的各种终端等移动互联网媒介形态；“社会机构”在我国既包括出版社、报社、广播电台、电视台等国有体制下的媒体机构，也包括民办的网站、电商、信息咨询、网络技术、文化服务等各类新兴的传媒公司；“开放式”意味着一个全方位的时空范畴，“迁移”隐含了媒介融合的全息性和穿透力。“开放式迁移”即指在不同物质技术形态的媒介之间，以及在不同属性的传媒机构之间，信息资源、传播内容、媒介渠道、受众或用户等传媒诸要素的相互交合与互补。无论是从长期以来学界对媒介融合的定义，还是从我国关于媒介融合的实践发展政策看，二者是殊途同归的。克里斯·布鲁恩·延森在《媒介融合：网络传播、大众传播和人际传播的三重维度》这本专著中还使用了副标题“网络传播、大众传播和人际传播的三重维度”，高屋建瓴、预见性地揭示了互联网时代与传统媒体时代的连接性。首先，“媒介融合”是“物质技术 + 社会机构”这样跨越了两种维度的融合，不仅是一种技术变迁语境所催生的产物，更体现了一种人类交流与传播诉求驱动下的社会实践变迁——具有共时性；其次，“媒介融合”是跨越三类传播的融合：“网络传播 + 大众传播 + 人际传播”，通过一对一、一对多、多对多的分析框架，重新审视了人类交流与传播活动的演化与变

[1] 詹姆斯·波特．媒介素养[M]．李德刚，等译．北京：清华出版社，2012.

[2] 克里斯·布鲁恩·延森．媒介融合：网络传播、大众传播和人际传播的三重维度[M]．刘君，译．上海：复旦大学出版社，2014：17.

迁——具有历时性。

纵观历史，传统媒体的优势显赫。在进入新时代的今天，传统媒体逐渐式微已经显而易见。我国传统媒体有较强的媒体公信力，有较强的内容获取与组织能力，有完整的专业媒体人团队，有系统性的整合运作机构，有丰富的专业媒介运作经验等。进入新时代，互联网媒介使传统媒体遭遇了传媒新技术的缺失，如传媒受众尤其是年轻群体的分流，传媒内容的相对滞后，受众反馈与互动能力的先天不足等。在市场经济体制下的传媒运营模式也受到来自新型媒介商业模式的挑战：传统媒体引导受众消费能力相对薄弱，曾经庞大的受众群体缺乏可持续的用户黏性，商业变现能力已成软肋，品效合一呈现出相对弱势。

具有网生性的网络媒体机构在各种融资和投资的鼓噪下迅猛发展起来，利用传媒技术驱动了传播效果的升级：大数据的自给为对象化精准传播提供了可能，数字和数据传媒产品提供了便利消费，算法建模后的内容营销使受众转化为用户，网络媒介将传媒受众碎片化的时空整合起来，分分钟的原生广告促成了品效合一的商业模式。总之，数字网络媒介的全时空信息供给、全符号内容表达、全员性平台的自媒体构建等，都呈现出超越于传统媒体的传播优势。当然，网生性媒体公司的弱势也非常明显：传媒的公信力先天不足；多入口多终端的把关性失衡；大数据带来用户隐私的高风险性；信息的多元化出口使传媒内容的正效能或负效能被放大；大数据壁垒及算法建模中的背离人性等，造就了其商业模式和资本运作的荒谬。

故此，传统媒介需要与网生媒介融合。根据科学的“媒介融合”理念，这种融合不仅发生在传媒技术与物理学意义上，也需要发生在组织机构与理念价值上。

2. 我国“媒介融合”的政策历程

2014 年 8 月 18 日，中央全面深化改革领导小组第四次会议通过了《关于推动传统媒体和新兴媒体融合发展的指导意见》。该指导意见强调：推动媒体融合发展，要遵循新闻传播规律和新兴媒体发展规律，强化互联网思维，坚持正确方向和舆论导向、坚持统筹协调、坚持创新发展、坚持一体化发展、坚持先进技术为支撑。

2015 年 3 月 31 日，国家新闻出版广电总局和财政部联合颁布了《关于推动传统出版和新兴出版融合发展的指导意见》。以上两个“指导意见”提出我国“媒介融合”的发展战略，这使我国主流传统媒体不再停留在“数字化转型”的改制中，而是进入了一个“媒介融合”的新阶段。

2016 年 7 月 2 日，国家新闻出版广电总局印发了《关于进一步加快广播电视媒体与新兴媒体融合发展的意见》，旨在通过持续创新加快推动广播电视媒体与新兴媒体深度融合，不断巩固壮大主流宣传思想文化阵地，为协调推进全面建成小康社会、全面深化改革、全面推进依法治国、全面从严治党“四个全面”的战略布局和落实创新、协调、绿色、开放、共享“五大发展理念”，为决胜全面建成小康社会、实现中华民族伟大复兴的中国梦提供坚实的思想舆论支撑。

2017 年 1 月 3 日，在全国新闻出版广播影视工作会议上，国家新闻出版广电总局领导提出：“必须进一步增强危机感紧迫感，把深度融合作为关系行业生存发展的战略工程。”要推动传统媒体和新兴媒体尽快从相“加”迈向相“融”，确立移动媒体优先发展战略。要创新移动新闻产品，重点在“准”“新”“微”“快”上下功夫。

2018 年 11 月 14 日，中央全面深化改革委员会第五次会议审议通过了《关于加强县级融媒体中心建设的意见》，指明了县级融媒体中心建设的基本思路。提出要深化机构、人事、财政、薪酬等方面改革，调整优化媒体布局，推进融合发展，不断提高县级媒体传播力、引导力、影响力。要坚持管建同步、管建并举，坚持正确政治方向、舆论导向、价值取向，坚守社会责任，把社会效益放在首位。

2019 年 1 月 15 日，中共中央宣传部和国家广播电视总局联合发布了《县级融媒体中心建设规范》《县级融媒体中心省级技术平台规范要求》，为县级融媒体中心省级技术平台制定了操作指南和建设规范。

2019 年 1 月 25 日，中共中央政治局第十二次集体学习并提出：运用信息革命成果，推动媒体融合向纵深发展，做大做强主流舆论，巩固全党全国人民团结奋斗的共同思想基础，为实现“两个一百年”奋斗目标、实现中华民族伟大复兴的中国梦提供强大精神力量和舆论支持。党报、党刊、党台、党网等主流媒体必须紧跟时代，大胆运用新技术、新机制、新模式，加快融合发展步伐，实现宣传效果的最大化和最优化。

2020 年 9 月 26 日，中共中央办公厅、国务院办公厅印发的《关于加快推进媒体深度融合发展的意见》，明确了媒体深度融合发展的总体要求：推动传统媒体和新兴媒体在体制机制、政策措施、流程管理、人才技术等方面加快融合步伐，尽快建成一批具有强大影响力和竞争力的新型主流媒体，逐步构建网上网下一体、内宣外宣联动的主流舆论格局，建立以内容建设为根本、先进技术为支撑、创新管理为保障的全媒体传播体系。

2019 年 10 月 9 日，国家广播电视总局发布《总局关于创建广播电视媒体融合发展创新中心有关事宜的通知》。该通知指出，总局决定择优创建广播电视媒体融合发展创新中心，以改革创新的思路举措，汇聚各方力量、深入研究探索、强化应用示范，加快推进广播电视媒体与新兴媒体深度融合一体发展。创新中心承担的主要第一项任务就是理论研究：深化关于媒体融合发展的理论阐释，聚焦广播电视行业建设全程、全息、全员、全效媒体，提升传播力、引导力、影响力、公信力，壮大主流思想舆论阵地，从生产、传播、服务、管理等各方面研究提出推进广播电视媒体融合发展的基础理论。

2020 年 11 月 3 日，《中共中央关于制定国民经济和社会发展第十四个五年规划和二〇三五年远景目标的建议》提出：推进媒体深度融合，实施全媒体传播工程，做强新型主流媒体，建强用好县级融媒体中心。

2022年4月24日，中共中央宣传部印发了《关于推动出版深度融合发展的实施意见》。该意见围绕加快推动出版深度融合发展，构建数字时代新型出版传播体系，坚持系统推进与示范引领相结合的总体思路，从战略谋划、内容建设、技术支撑、重点项目、人才队伍、保障体系等方面提出多项主要措施，对未来一个时期出版融合发展的目标、方向、路径、措施等作出全面部署，提出明确要求。

如上所见，我国政府关于媒体融合的政策起始于2014年，至今已经出台十余个之多。尽管其政策指令的规格、形式和对象有所不同，但其宗旨和目标的指向是一致的，即通过融技术、融机构，完成融内容、融受众，实现融社会主义核心价值观的最终目的。

（二）媒介融合学理逻辑中的思政理念

1. 媒介融合范畴中的学理逻辑

媒介融合“怎么融”？面对万物皆媒体，移动互联网罗天下，传媒日趋社会化，平台日趋资讯化，资讯日趋市场化，互联网带来的资源共享势如破竹的传媒新格局，传统主流媒体的融合工作是以“互联网+”为抓手，先后完成了转化和延伸：从新闻资讯的多元化逐步转向讯息内容平台和客户端的建设上；再将自身平台延伸到网生性社交平台上。至今，我国主流媒体已经融进多数网生性社交媒介平台，既实现了跨物质技术的融合，又实现了跨组织制度的融通；既与头部社交媒介融合了主流价值观，又融通了各自的受众——用户，并且借助于自身在社交媒介平台上设置的官方账号，融于其风格又超越其传播内容。

媒介融合要实现宏观和微观意义上的“跨”“融”“通”。

◆ 跨：“跨物质技术 + 跨组织机构”

◆ 融：融文化、融价值观、融媒体逻辑

◆ 通：通传媒内容、通传媒受众

第一，构建融媒体平台。传统媒体不仅要进一步发挥内容优势做好资讯内容，而且还要在数字化转型的基础上构建平台化在线服务，以提供方便快捷、内容丰富且高质量的信息资讯，并具备受众信息的及时反馈和全天候在线服务的功能。

第二，融进客户端。其旨在将传统意义上的媒介受众——报刊读者、广播听众、电视观众等转化为自身特有传媒品牌的产品用户，目标是吸收并长期“黏住”用户。客户端虽由主流媒体设置但又是相对独立的互联网 App 产品，需安装在以手机为主要载体的移动终端方可使用；但是人们是否下载和使用，这是由人们自主自控的。故此，能否将媒介受众直接转化为 App 终端用户，还需要走很长的路。

第三，融进网生性社交媒体平台。由传统的播报新闻转变为信息增值服务，要依赖传统媒体与数字网络新媒体之间的融与合，挖掘“融”的能量：打破了过去以媒介类型划分的组织结构，生产了互联网“产品”，创制了全符号的信息形态，打通了体制以内和体制以外的资源要素，实现了最广泛的用户聚合，最后以传媒品牌与技术的聚合力形成了传播新形态。

媒介融合带来的“红利”，升级了传媒自身的整体性能。

◆ 传媒的移动化

◆ 传媒的终端化

◆ 传媒的品牌化

◆ 传媒的人格化

◆ 传媒的全息化

媒介融合带来的“红利”，提升了传播的整体效能。

◆ 传播的分分钟

◆ 传播的小众化

◆ 传播的平台化

◆ 传播的交互性

◆ 传播的程序化

显而易见，媒介融合创造了一个崭新的媒介格局，互联网打破了传统媒介的时空域，激发传媒价值的最大化。媒介融合颠覆了传统商业传播模式，实现了品效合一的闭环。媒介融合的“红利”带来了全局性多元化的传播效果：打通平台、时空一体、品效合一，增加了流量入口以产生持续汇聚用户资源的能力。

在公共传播领域，媒介融合是一项从社会主义核心价值观到媒介技术形态的网络化系统工程。媒介融合当以社会主义核心价值统辖传媒意识形态和技术形态，以数字网络媒介的交互性激活受众的主体性，为公众提供优质的信息增值服务。

在商业传播领域，媒介融合旨在构建作为聚集平台而又具有超大流量的入口价值。媒介商业竞争的焦点已经从传媒受众如何转化成用户，转移到跨媒体流量资源的获取，媒介融合的商业目标是建造传媒的大规模流量入口，完成品牌传播与商品销售的一体化融合效果。

媒介融合的效果关键在顶层设计。首先，在已经进行了不同程度数字化转型的传统媒体领域注入作为基础性资源的互联网设施，使传统媒体平台化和不断网生化，从而打破新旧媒体之界限。故此，能够生存下来的只有媒体，再无传统媒体和新媒体之分。其次，推动传媒形态之间的内容融合，平台化资源要素与场景式内容结合形成全媒传播，借以形成无缝覆盖传播网络，进一步消解新旧之分。经历了数字化转型中的传统媒介与数字网络媒介深度交融难以分割，媒介融合将终端、内容、平台和基础网络四个传媒要素不同程度的分离现象通过系统架构交织为整体，实现传媒在物理功能和组织结构上的交融体。

2. 我国媒介融合中的思政理念

在我国，媒介融合既包含物质性的技术环节融合，也要求机构上的组织形式融合，然而更本质的是主流传媒内容与政治站位及价值观的融合。无论是“媒体融合”（引用有关文件中的“媒体融合”）还是“媒体的深度融合”，最终要构建一个崭新的传媒新格局，实现“四全媒体”，即全程媒体、全息媒体、全员媒体和全效媒体。媒介融合的社会效果及政治意义，如图 1–1 所示。

图 1–1　媒介融合的社会效果及政治意义

媒体融合及媒体深度融合的社会效果，直接体现在我国高校传媒类教育的思政理念中，即主流媒体专业内容的全程播报和全网联动，以使各类别、各圈层的传媒受众——报、台、网各细分媒介的受众群体能够全员、全时空参与，共享主流内容，使党和政府的主流媒体声音在全网场景中共情。

四、高校传媒类教育的思维方法论

（一）辩证思维与方法论

1. 关于“辩证思维”范畴

马克思主义哲学包括辩证唯物主义和历史唯物主义两大基本组成部分，“辩证思维”是马克思主义哲学中辩证唯物主义的基本思想。马克思主义唯物辩证法是在批判地吸收了黑格尔辩证法的“合理内核”基础上创立起来的，是把唯物主义和辩证法有机统一起来的科学世界观。它揭示了世界万物具有普遍联系和永恒发展这两大特征，其发展的根本原因在于事物内部的矛盾性。

“辩证思维”是以马克思辩证唯物主义为认知基础的思维方式，这一思维范畴的科学理念就是事物联系与发展要遵循对立统一规律，也称矛盾规律，即事物矛盾双方既统一又斗争，促使事物不断地由低级向高级发展。事物的矛盾规律是物质世界运动、变化和发展的最根本的规律。

2. 辩证思维中的方法论

马克思主义的辩证思维在当代我国传媒领域实践中具有重要的方法论意义。“当我们深思熟虑地考察自然界或人类历史或我们自己的精神活动的时候，首先呈现在我们眼前的，是一幅由种种联系和相互作用无穷无尽地交织起来的画面。”[1] 这一思想正是前文高校传媒类教育的学理所阐述的现代数网媒介底层逻辑中关于“连接性”理论的哲学溯源。

辩证思维能力即承认矛盾、分析矛盾、解决矛盾，善于抓住关键、找准重点、洞察事物发展规律的能力。这也是党的十八大以来中央文件中多次强调的，要“学习掌握唯物辩证法的根本方法，不断增强辩证思维能力，提高驾驭复杂局面、处理复杂问题的本领”。解读辩证思维方法论，分析和解决现代数

[1] 马克思恩格斯选集（第 3 卷）[M]. 北京：人民出版社，1995：359.

网传媒领域的各类问题，其哲学意蕴是提升人们讯息辨别能力和媒介使用能力的思维引力。

辩证思维方法指导人们在分辨传媒讯息、反思传媒逻辑、运用传媒技术时要以多维度和多视角观察并洞悉人与媒、人与社群、现实社会与虚拟网络等多重对立统一关系，进一步全局性解构各传媒元素之间复杂的交互关系，同时勾勒出人与媒、实体社会与虚拟世界的辩证图景。

（二）互联网思维与方法论

1.“互联网思维”范畴

“互联网思维”就是充分利用互联网的精神、价值、技术、方法、规则、机会等指导、处理、创新工作的思维方式和思想逻辑。互联网思维早已不再局限于互联网本身的运用，而是泛在于人们职场工作和日常生活的各类场景中。

有学者把“互联网思维”与当初人类发展史上的“文艺复兴”相比较，认为互联网思维也是一笔宝贵的思想财富，这种思维下的决策与创新力正在颠覆人类社会的各个领域，同时把全球带入一个新的互联网时代。这是一个大时代，互联网思维的价值在于能够颠覆和重构一个“我思贡献人人、人人助益我思”的新境界。早在2014年，我国第一本关于互联网思维的著作《互联网思维：商业颠覆与重构》[1] 提出了关于互联网思维的十个指向。

- 标签思维
- 简约思维
- NO.1 思维
- 产品思维
- 痛点思维

[1] 陈光锋．互联网思维：商业颠覆与重构 [M]. 北京：机械工业出版社，2014.

- ◆ 尖叫点思维
- ◆ 粉丝思维
- ◆ 爆点思维
- ◆ 迭代思维
- ◆ 整合思维

需要强调的是：理解互联网思维，旨在探析技术的发展如何驱动传媒形态和功效不断演进和迭代，进而激活传播者的主体性。植根且形成于网生性的互联网意识是网民对互联网特性的主观反映及建立起来的概念和理念等。互联网意识将伴随传媒技术的可供性而不断迭代，进而不断衍生出更新、更强、更具有某种力量的新思维。互联网思维是一个不断延伸和拓展，具有开放性的创新体系。

互联网思维对这个大时代所造成的深远影响或许在顺势而生中并没有被人们深刻领悟。然而，它却在悄悄地改变着人们的思维方式和方法论。如有专家预言：未来传统意义的大学将被颠覆，大学的功能将转变为考证、制作课件和科研。

2. 互联网思维方法论

互联网思维方法指人的思维脉络与由众多点相互连接起来的网状结构的对应性，即非线性、非平面、非三维，无中心和无边缘……伴随科学与技术的不断发展，立体、多维、虚实……新的思维定式将会不断丰富互联网思维方法，并由此被传播主体带入人类生活的各个领域。

在某种意义上，互联网“大厂”的员工们对互联网思维的体验与感悟要比在校大学生明显和强烈许多。他们耳濡目染着数网世界那些无限长尾，又相对闭合的关联，久而久之便在图式、同化，顺应和平衡的皮亚杰发生认识论中，形成有根有据的互联网思维方法。

诸如互联网商业模式的起点——使成本趋于零并赢得增值的“免费”模式；从营销的固有思维模式，到技术加持下大数据新算法的挖掘和建模；从单点的精准数字营销，到链条式精准数字营销；从数据战场的内容策略到广告营销传播的新玩儿法等，都是互联网思维方法论结出的累累战果。

（三）批判性思维与方法论

1.“批判性思维”范畴

“批判性思维”（Critical Thinking，CT，也有学者直接译为“审辨性思维”），是一种针对某事评估、分析、论证、辨析和反思性的思维。关于“批判性”的理解，或许在今天的学界依然存在歧义。在这里，我们力求从“Critica”的内涵和学术研究视角回归其本意。“批判性是指富于洞察力、辨别力、判断力，以其敏锐、智慧的反省性思维，即对现实保持一种质疑的态度。”杜威将“反省性思维”阐释为“能动、持续和细致地思考任何信念或被假定的知识形式，洞悉支持它的理由及它所进一步指向的结论”[1]。可见，批判性思维的核心是质疑态度与反思精神。

这里需要特别指出的是：由于我国的一些历史原因，存在着对“批判”二字的理解误区，需要纠偏。“批判性思维”中的“批判”是针对“事”（包括具体的信息、项目、决策或事物等），而不是针对人，即对事不对人！自然对象有“物”理，人类对象有“情”理，社会对象有“事”理，要对某一事物（包括项目等）进行质疑—反思—判断—评估，需要人们遵循批判性思维的思考路径。批判性思维的基本路径如下。

◆ 分析地思考：审辨性阅读——解读与解构（质疑性）

---

[1] 参见中国计量大学标准化学院原院长李丹青讲授的专题“研究生与本科生培养差异点辨析及把握”。

- ◆ 细致地思考：澄清关键概念和意义（求真性）
- ◆ 真实地思考：寻找支持证据和理由（实证性）
- ◆ 充足地思考：根据证据论证推理（公正性）
- ◆ 深入地思考：挖掘信息中隐含的假设是否存在（求实性）
- ◆ 辩证地思考：开创性提出不同于现有的可替代性的观点并解释（开放性）
- ◆ 最后，组织语言准确表达通过思考与分析的重新论证，进而得出的新结论

2. 批判性思维方法论

2010 年以来，“批判性思维”在我国哲学与逻辑学领域逐渐引发了学者们的关注。华中科技大学、汕头大学、清华大学等相继设置了批判性思维课程，批判性思维的方法中常用的方法论就是“图尔敏论证模型”，如图 1–2 所示。

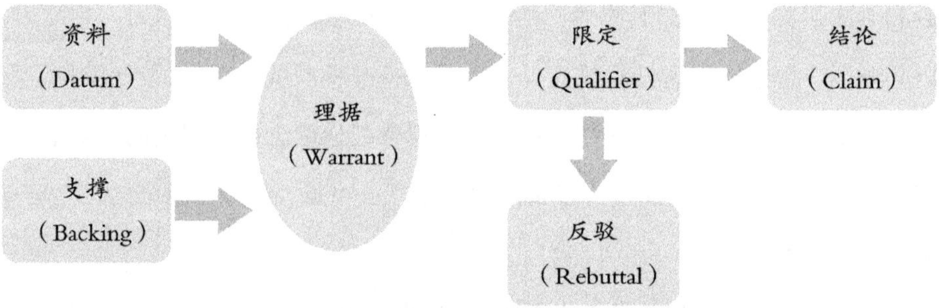

图 1–2 批判性思维方法中的图尔敏论证模型

英国当代思想家斯蒂芬·图尔敏反对形式逻辑中的“三段论”和现代逻辑学中过于“狭窄的”一般论证方式，他写了《论证的使用》这本书，提出了论证模型和论证逻辑的理论。图尔敏创建的非形式逻辑论证模型，也被称为“图尔敏论证模型”，是批判性思维最主要的论证方法，其论证的具体步骤和内容如下。

- ◆ 收集信息元素的资料
- ◆ 重新寻找结论的支撑
- ◆ 科学归因以理据分析
- ◆ 推出结论的限定逻辑

◆ 根据前提条件以反驳

◆ 重构论证得出新结论

如何运用批判性思维方法论解决问题或帮助我们决策？当然，在复杂体系中的事物可以直接使用“图尔敏论证模型”。但在人们的日常生活中，一些简单速效的事情，我们可以用简易的批判性思维方法，通过列举与比较快速作出决策。例如，在看网剧时你选用弹幕吗？当初由于对弹幕的新鲜与好奇，人们几乎兴趣盎然纷纷上手，但后来却发现了弹幕的诸多不爽并开始犹豫，平台也适时推出了选择按钮。如何看待这个问题，到底用不用弹幕？在可能的犹豫或纠结中，不妨直接列出对比式，如图 1–3 所示。

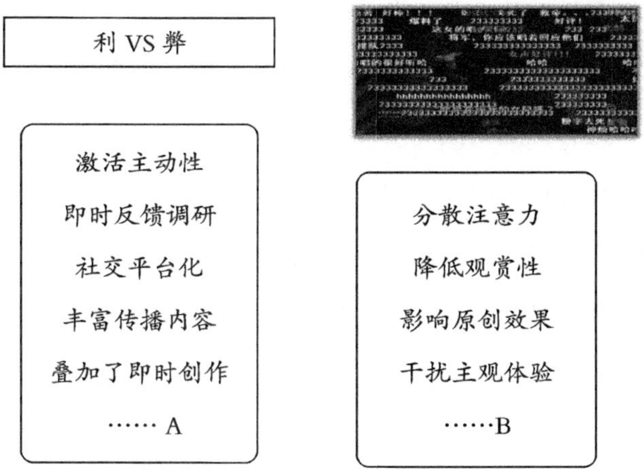

图 1–3 列出对比式决策选择看网剧时是否使用弹幕

根据使用弹幕利与弊的比较，鉴于个人观看传媒内容的目的，就会作出自己是否使用弹幕的决策了。专业传媒人理应全面了解并不断研究弹幕的功能和功效，不仅自律，而且导正其他媒介消费者，正确选择传媒的技术应用。

第二章

专业与思政目标

“专业”在教育上是指高等学校或中等职业学校根据社会职业分工需要设立的学业类别，或者说是依据确定的培养目标设置的教育基本单位或基本组织形式。专业是学科与社会职业岗位需求的结合点或交叉点。专业是一种学业类别，是教学的基本组织形式，是高等院校人才培养的基础平台。专业与学科有着根本的不同：学科是知识的分门别类，专业是根据社会岗位需求设置，并伴随社会政治、经济和文化等政策，以及市场需求而不断调和变化。高校教师多以学科为背景，在讲授专业课程之前需要通过备课和学习，通过学术研究等掌握所授专业课程的要义。

本科教育的第一个属性就是高等专业性，这是古今中外各种形式或特点的本科教育具备的共同属性。“纵观古今中外各种形式、各具特点的本科教育，都有一个共同属性，这就是专业教育。专业教育既是高等教育发展的历史经验，也是当代世界各国大学本科教育的普遍做法。奥尔特加·加塞特在《大学的使命》中指出，大学的一个重要使命，是利用人类智慧所发明的最经济、最直接和最有效的方法，把普通人培养成为优秀的专业人员。”[1]

本科教育的第二个属性就是它的高等基础性，这是高等专业性的根基或基石。

高等基础性也是本科教育具备的共同属性。“高等基础性本科教育的专业性是建立在深厚扎实的理论基础、能力基础、方法基础、工具基础、态度基础之上的专业性。所以，除了专业教育之外，更重要的是实施通识教育。高度重视专业基础课教学。”[2]可见高等基础性也是实现本科高等专业性的前提和保障。

大学本科教育与中等职业教育相比，最显著的区别是高等性和专业性。与中等专业教育和高职高专教育相比，本科教育除了高等专业性之外，还具有高等基础性这一特殊属性；与研究生教育相比，除了专业性程度显然比研究生教育要低之外，最重要的区别是本科教育具有基础性，而研究生教育不具备这一属性。

《中华人民共和国学位条例》（2004 年 8 月 28 日修订）的学位要求如下。

学士：较好地掌握本门学科的基础理论、专门知识和基本技能；具有从事科学研究工作或担负专门技术工作的初步能力。

硕士：在本门学科上掌握坚实的基础理论和系统的专门知识；具有从事科学研究工作或独立担负专门技术工作的能力。

博士：在本门学科上掌握坚实宽广的基础理论和系统深入的专门知识；在学科或专门技术上做出创造性的成果。

---

[1] 参见中国计量大学标准化学院原院长李丹青讲授的专题“研究生与本科生培养差异点辨析及把握”。

[2] 参见中国计量大学标准化学院原院长李丹青讲授的专题“研究生与本科生培养差异点辨析及把握”。

如上，获得高等教育三个学位层级的条件，都体现出本科教育的本质是专业性和基础性有机结合的高等教育。本质属性是决定一个事物之所以成为该事物而区别于其他事物的属性，是某事物固有的规定性和其他事物的区别性。故此，本科教育的专业性和基础性就成为高校设置或修订各个专业培养方案的必要原则和评估依据。

一、新闻传播学本科专业的培养规格与思政目标

（一）新闻传播学是文学门类下设的一个专业类

根据 2009 年 2 月国务院学位委员会和教育部联合颁布的《学位授予和人才培养学科目录设置与管理办法》（以下简称《办法》）第三条："学科目录分为学科门类、一级学科（本科教育中称为'专业类'，下同）和二级学科（本科专业目录中为'专业'，下同）三个等级。学科门类和一级学科是国家进行学位授权审核与学科管理、学位授予单位开展学位授予与人才培养工作的基本依据，二级学科是学位授予单位实施人才培养的参考依据。"由此可见，依据国家主管机构的界定：传媒类高等教育被归属在"文学"（编号"05"）这一门类下，新闻传播学是文学门类下设的一个专业类，新闻传播学类（编号"0503"）是各个传媒类本科专业的一级学科名称。

1. 一级学科新闻传播学类所属的专业

《办法》第七条对一级学科有明确界定："一级学科是具有共同理论基础或研究领域相对一致的学科集合。"在教育部发布的《普通高等学校本科专业目录（2022 年版）》中，新闻传播学类下又增设了"时尚传播""国际新闻与传播""会展"三个专业，形成了一级学科新闻传播学类下的十个二级学科即专业的新格局，如表 2–1 所示。

表 2–1 新闻传播学类专业设置

二级学科设置	专业名称	备注
原有的七个专业名称	新闻学、广播电视学、广告学、传播学、编辑出版学、网络与新媒体、数字出版	其中“会展”为交叉学科
2022 年新增设的专业名称	时尚传播、国际新闻与传播、会展	

以上十个专业都是运用于不同领域、应用于不同媒体却都以传播活动为共同目的的信息流通范畴。以此，我们容易找到新闻传播类专业共同的理论基础——传播学；共同的内容需求——“四史”教育；共同的技能基础——当代传媒科技；共同的学科底蕴——当代媒介素养。

2. 新闻传播学类专业共同的培养目标

由于学科门类和一级学科两个层级归属国家有关主管机构的统一调控，在考虑一级学科的培养目标时，首先应该了解我国有关政府机构的管理要求和规定。在教育部 2018 年发布的《普通高等学校本科专业类教学质量国家标准》中，针对一级学科新闻传播类（编号 0503）下属的二级学科，其专业名称和编号分别为新闻学（050301）、广播电视学（050302）、广告学（050303）、传播学（050304）、编辑出版学（050305）、网络与新媒体（050306T）、数字出版（050307T）。将这类专业界定为:“新闻传播学是文学门类下设的一个专业类，主要以文学、政治学和社会学为学科基础，同时又与哲学、经济学、管理学、艺术学、心理学和历史学等学科密切相关。新闻传播学类专业具有较强的政治性，要求学生坚持马克思主义新闻观和正确的政治立场。新闻传播学类专业同时具有较强的实践性与融合性，要求教学能紧跟传媒实践的快速发展，学生掌握扎实的新闻传播知识，能够胜任未来新闻传播相关行业的工作。”“新闻传播学类专业在我国高等教育及国家建设与社会发展中占有重要地位，承担着培养新闻传播、编辑出版、策划营销、媒介管理和文化创意人才的任务。随着媒介在当今世界社会文化生活中作用和地位的不断凸显，新闻传播学类专业教育将在我国经济建设、政治建设和文化建设中起到越来越重要的作用。”

在以上社会背景下，《普通高等学校本科专业类教学质量国家标准》明确提出了新闻传播类专业共同的培养目标：“新闻传播学类专业教育教学应坚持以马克思主义为指导，培养学生具有坚定正确的政治方向，以国家政治、经济和文化建设发展需求为基本原则，以我国高等教育定位和特点为参考框架，同时以行业标准和社会需求为导向，培养坚持马克思主义新闻观，坚持正确政治立场和方向，具有全媒体新闻传播知识和能力的应用型、复合型、创新型人才，以及具有全球视野和跨文化传播能力的国际新闻传播人才。”这是针对所有高校办专业的共性要求，可见其政治站位和课程思政，本就是新闻传播学类的所有专业需要共同遵循的要纲。

同时《普通高等学校本科专业类教学质量国家标准》还明确：“各高校应根据自身的基本定位制定合适的培养目标。培养目标应保持相对稳定，但同时应根据社会、文化、经济的发展需要，定期进行评估，并适时进行修订和完善。”这是针对各所高校在办学中如何发挥优势进行个性定位，打开了一扇开放性强、鼓励特色的办学窗口。

3. 新闻传播学类专业共同的思政目标

在社会物质产品和精神产品生产的产业链条中，新闻传播学类专业培养的人才无疑是社会信息产品和社会文化产品的生产者。与社会物质产品的生产者截然不同，新闻传播领域通过提供传媒产品满足人们的精神消费和信息需求，新闻传播类专业人才的政治站位和“三观”价值取向直接影响到传媒产品的意识形态。故此我们在《普通高等学校本科专业类教学质量国家标准》里看到：关于新闻传播类人才的培养目标，首先是“坚持以马克思主义为指导，培养学生具有坚定正确的政治方向”，还有“坚持马克思主义新闻观，坚持正确政治立场和方向”等。

关于新闻传播类专业人才培养的思政目标，可以集中归纳为“坚持以马克思主义为指导”和“坚持正确的政治站位”。

第一，坚持以马克思主义为指导，即以马克思主义的辩证唯物主义和历史唯物主义为世界观，深谙马克思主义哲学和政治经济学理论，认清资本的本质，深刻理解《共产党宣言》中揭示的人类社会发展的客观规律，以实事求是的精神和具体问题具体分析的态度处理实际问题。这是“三观”的基础，是整个新闻传播学学科类专业知识大厦的基石，是新闻传播类专业思政目标的基础。

第二，坚持正确的政治站位，即坚持正确政治立场和方向。“政治站位”属政治学术语，首先表现为政治性：维护中国共产党的领导、提升中国共产党执政能力，强调政治立场的坚定性、敏锐性、鉴别力和执行力；其次表现为立场性：站在政治和全局高度把握形势、推进实践工作，跳出个人和部门利益的角度思考问题、看待问题和解决问题。政治站位是“四个意识”（政治意识、大局意识、核心意识、看齐意识）的集中体现。

4. 新闻传播学类专业共同的培养规格

《普通高等学校本科专业类教学质量国家标准》针对新闻传播学类的新闻学、广播电视学、广告学、传播学、编辑出版学、网络与新媒体和数字出版七个专业提出了四个方面共同的培养规格。

第一，在“学制与学位”中规定：新闻传播学类专业基本学制为四年，各高校可在四年基础之上实行弹性学制。还提出学生可以保留学籍，休学创新创业。在完成各专业培养方案规定的课程和学分要求，考核合格后，准予毕业。符合规定条件的，授予文学学士学位。总学分建议控制在 140~160 学分。

第二，在“素质要求”中规定：一是政治素质，坚决拥护中国共产党的领导，坚持正确的政治立场和方向，坚持新闻工作的党性原则，坚持马克思主义新闻观，坚持正确舆论导向，维护国家利益，遵纪守法；二是道德素质，始终坚守新闻真实性等基本准则及服务国家、服务人民、服务中国特色社会主义的社会责任感和职业理想；三是专业素质，具有清晰的新闻从业者的角色认知，具备积极乐观、竞争协作的良好个性，掌握新闻传播的基本知识和能力，具备创业基本素质；四是身体素质，身心健康，按教育部规定的《国家学生体质健康标准》测试达标。

第三，在“能力要求”中规定：一是具备与新闻传播学类工作相适应的理论学习能力，并掌握持续学习的方法；二是具备与新闻传播实践的发展变化相适应的业务动手能力和实践创新能力；三是具备良好的语言文字表达能力与沟通能力；四是具备计算机和现代新媒体技术的应用能力；五是掌握社会科学研究的基本方法，具备初步的社会科学调查与研究能力。

第四，在“知识要求”中规定：一是掌握新闻传播学相关理论知识和基本业务技能，拥有比较广博和扎实的人文学科与社会科学基础知识；二是了解党和国家新闻宣传的方针、政策和相关法规；三是掌握业界发展现状与变化趋势，了解外国行业和专业发展动态；四是了解并掌握计算机和现代新媒体技术基础知识及相关应用；五是熟练掌握一门外语，在外语的听、说、读、写、译方面达到较高的实际应用水平；六是掌握科学的辩证思维方法，具有基本的人文社会科学调查研究能力；七是掌握媒介经营管理的相关原理和知识，具有一定的市场营销、媒介调查、媒体策划与运营等方面的知识和能力；八是了解并掌握创新创业的基本知识与技能，具备创新思维和一定的创业素质与能力。

《普通高等学校本科专业类教学质量国家标准》细化并具体明确了新闻传播类专业的培养规格，集中体现在对本科学生的素质要求和知识与能力方面。

其中素质要求首先是政治素质，提到了“五个坚持”和“一个维护”，以及遵纪守法等；知识与能力的要求提供了新闻传播类专业在制订培养方案时设定课程模块的依据，即需要设计哪些课程模块以实现某项规定的专业能力和知识目标，设置哪些具体课程及教学内容和考核形式以达到本科专业教学的目的。

（二）新闻传播学类本科专业的基础性与通识性主课

本科教育的本质是专业性和基础性有机结合的高等专业教育。坚持本科教育的高等专业性以奠定专业底色；坚持本科教育的高等基础性以筑牢学科基石。作为社会文化产品和信息产品的生产者，要坚守和实现新闻传播学类专业共同的思政目标：要以马克思主义辩证唯物主义和历史唯物主义为指导，深谙马克思主义的新闻观和马克思主义政治经济学，并将其运用到新时代我国社会主义事业的具体实践中。对于新闻传播学类要培养的专业人才，如果不了解历史，就不能历时性分析并认清当今中国的种种社会景观；如果不了解现代传媒技术，就不能共时性把握当今中国社会乃至国际经济、政治和文化等各领域的话语权；如果缺乏当代媒介素养，就不能有效辨识讯息以理性发挥传媒的影响力。将马克思主义理论与中国的具体实践相结合以实现其“指导意义”，在复杂的国内外环境中辨别传媒立场，坚持正确的“政治站位”，专业传媒人尤其需要掌握这一学科类本科专业教育强调的基础性和通识性主课。在这里，我们暂先列出这两类的主课内容，即新闻传播类专业本科基础性主课为“传播学”和“当代传媒科技”；新闻传播类专业本科通识性内容为“四史”系列专题和“当代媒介素养”。

1. 新闻传播学类专业本科基础性主课——“传播学”

立足于当今社会的学术架构，仍旧作为“舶来品”的“传播学”是我国新闻传播学类各个专业的“根向”学科，是新闻传播学类各个专业的基石和主课

（重于专业必修课的关键性的专业基础课，笔者注），传播学为新闻传播类专业起到了奠基的作用。然而伴随着人类社会的发展和时代进程，在我国高等教育教学体系中，“传播学”自身的学科大厦却越来越不尽如人意。在当代媒介环境下，我们不妨把目前我国高校普遍使用的传播学教材内容称为“传统”的传播学，在本书的语境里，以下需要引起新闻传播类专业教师的关注。

第一，“传播学”作为学科的“逆生长”性。如果从纯粹的学科起源看，传播学在新闻传播学类专业中的“基石”或“根向”属性是由于“逆生长”而形成的。追本溯源：传播学的学科建制起步较晚，作为应用型传播的新闻学和广告学均始于20世纪初期，而传播学则始于20世纪50年代。很明显，传播学是在新闻学和广告学之后发育起来的“新兴”学科。传统传播学是基于美国“传播学之父”威尔伯·施拉姆、拉扎斯菲尔德、哈罗德·拉斯韦尔和卡尔·霍夫兰这四大先驱为代表的美国经验学派的内容体系，然而这一“传播学的主流学派，深刻影响着世界各国的传播研究”[1]，当然也主导了我国传播学的理论体系。

第二，历时性传承的传统传播学构建了传播学学科体系的主体框架。纵观传播学学科的发展历史，传统传播学界定了“传播”“受众”“信息”“符号”“舆论”等基本概念，阐释了大众媒介的产生、传播关系的双向性、传播模式等知识，论证了传媒的议程设置、两级传播、传播效果的若干模型等理论，奠定了传播学理论体系的主体性框架。以威尔伯·施拉姆为代表的传播学先驱们拓荒出一片新的学术天地，其创立的传播学使人类的传播行为具有了理性认知上的学说性，具备了一定历史条件下较为完备的科学体系。犹如传播的“5W”认知理论模型，直至今日仍然是传播与传媒领域的常备工具及圭臬。传

[1] 威尔伯·施拉姆．传播学概论 [M]．何道宽，译．北京：中国人民大学出版社，2010.

统传播学揭示了在其历史发展的进程中传媒行为与传播效果之间的关联性。

第三，共时性扬弃传统传播学在当代语境中的软肋。不得不指出，当代我国传播学的学科内容仍处于“舶来品”状态，作为整个新闻传播学类专业的基础理论，其框架结构带有明显的历史痕迹：运用于战时宣传状态下的实证主义研究范式导致了传统传播学注重具象、短期和微观性的传播效果；形成于第二次世界大战背景下的经验主义、实用主义的理论体系着力探究针对传播客体的目的性而非人类主体的精神交往。“1927 年，拉斯韦尔出版了自己的博士论文《世界大战中的宣传技巧》。这是第一部系统而深入地研究宣传问题的著作，后来成为宣传研究的经典。”[1] 历史实践证明，两次世界大战中的传播活动和实践直接催生了传播学的形成。显而易见的是，这种传统的传播学理论诉求是单向度的，带有明显的政治宣传和军事鼓动之目的。在数字网络媒介的普及和自媒体蓬勃发展的今天，传播在环境、语境和心境方面的差别是不言而喻的，在二维或三维互联网中的 UGC 推送、多向度交互、闭环、互动、裂变、AR、VR、MR 与元宇宙等多样态传媒环境下，尤显传统传播学体系的薄弱与滞后。

第四，当代传播学亟待科学与人文价值导正之重构。观照社会发展的现实世界，与新闻学、广告学、编辑出版学等应用传播学分支不同，“传播学”是一个具有根基作用的新闻传播学类专业真正的“本体论”。回望历史，作为“舶来品”的传播学进入我国以来，学界对于传播学学科本体内容的解构多于构建，运用传统传播学原理解析现实中的新闻、广告等应用传播现象的研究及“成果”比比皆是，而应对当下传媒传播之世相，具有构建性传播学创新的学说则显得乏力。在各种利益驱动下，“使用与满足”理论得到膨胀；“议程设置”扩张到无底线的“策划”；实用主义功利下的传播话术、招数与套路泛

[1] 段鹏．传播学基础：历史、框架与外延 [M]. 北京：中国传媒大学出版社，2006：56.

滥成灾，“白＋黑”与“5+2”不可能停息片刻的新闻、广告、编辑出版、广播电视等应用传播形态，在急剧增长的社会实践活动中大有直接取代传播学本体理论社会地位的学术倾向，传播学学科建设和传统传播学体系框架亟待与时俱进。

关注点一：传播学研究的是一个实实在在的世界和一个“被呈现”世界之间的关系及关联性。这种关联性是指传播的意识形态化功能对于社会经济、政治、文化及社会人“三观”的直接影响和作用。“被呈现”是指通过人—媒和人—人（群）传播的社会叙事，这既是社会科学领域——社会学原理在人类传播领域的应用问题，也是一个人文学科——主体价值的传播取向问题。目前一级学科新闻传播学类下的二级学科，如新闻学、广告学、编辑出版学、广播电视学、网络与新媒体等专业，仅仅把“传播学”作为一门专业基础课或平台课，而大量的课时放在技能和业务课程上，对于传播本体理论在各个专业领域的应用几乎没有涉及，多数院校也没有涉及建立在马克思主义政治经济学基础上的传播政治经济学，而讲授的多是传播学诸多知识或原理的“功效”。这首先是缺少批判意识的美国经验主义传播学体系带来的直接后果，也是现代实用主义和世俗主义取代人本精神的功利性选择。对于真实世界与“被呈现”世界的关联性，我们需要甚至必须对专业传媒人强调的是：传播是人类的精神交往，传播是一切社会交往的实质，传播的过程即人类社会关系构建的过程，人—媒关系体现的是其背后的人—人关系及人—社会关系。在这些传播学本体理论的指导下，新闻传播学类的二级学科才可能把准专业发展及延伸的正向脉络，否则，应用型传播活动势必会在当代传媒文化和社会文明方面付出代价。这也是在我国高校课堂既要有思政课程，又要有专业课程思政的缘由之一。

关注点二：传播学揭示的是人类如何利用传播符号来支配人的意识并搭建社会关系，同时提出了社会制度构建中一个随时都要有所警觉的问题，意味着对社会关系表象一种横断面的学术批评。美国新闻与大众传播教育协会原主席詹姆士·W.凯里曾对传播学研究提出过疑问，他反对以控制论为代表、以社会控制为根本目的、以信号传递为基本观念、以实证主义自然科学为基本模式的传播学，而推崇当年以芝加哥学派为代表、以人文价值取向为动因、以理解人及由人的活动所构建的社会关系并使之升华为目标的传播研究。利用传播或宣传达到目的，其实是把“双刃剑”：正向（能量）内容的传播确实能够激励人心，推进事物的正态发展；而非正向内容的传播，尤其是在极端利益驱动下的策划与“创意”，最容易脱离客观真实而“拔苗助长”，滋生传播的消极效果。学界对传播学的研究不能仅仅停留在商业效益和行政效果上，也绝不应该仅仅研究如何协调控制系统、控制力度和受众导向等问题，而应利用批判性思维方法，着力构建一种传播活动评估体系，以抵御传媒逻辑对新闻原则或广告底线的侵蚀，警惕一些传统传播手段对社会民众和公共利益可能造成的危害，这是遏制当代传播学“跑偏”的有效手段，是当代传播学理论建树和创新突破的学科价值所在。此为我国高校课堂要倡导专业课程思政的缘由之二。

关注点三：传播学的学科价值是实现有效沟通达成共识以同向发力，由此传播学的灵魂是构建在人文情怀基础上使传媒受众从自发走向自觉的行为内化。传播学理论首先揭示了传播具有目的性，所以其带有“原罪”而最终可能成为一门“控制学”。控制论的创始者诺伯特·维纳在他的预言式著作《人有人的用处》中指出：“作为控制一切——生物或非生物——的传播科学会危及一个文化最深层的人文动机。”[1]这句话隐喻了“传播学”并不一定是用来清晰公众视野、扩大人们选择的启蒙性知识或经验，而可能是为了牵引和控制民众意识而设立的“科学”。这是当代传播学发展需要警觉的危害。传播学的质化

[1] 诺伯特·维纳.人有人的用途[M].陈步，译.北京：商务印书馆，1978.

研究多是为寻求传媒的社会效果；传播学的量化研究多是为服务客户的经济效益。传播学研究的不应仅是信息流通的效率和控制的效果问题，而更应该注重传播的人文意义和价值取向。因此，与传统传播学的走向相反，当代传播学的发展与创新应该淡化传播本身的功利性，强化人文价值和社会公益的导正作用，着力开掘数字网络新媒介与自媒介环境下传播的共生共享与嬗变的规律。

第五，对传播学学科边界的甄别。传统的传播学在学科边界上是模糊的。传播学是在新闻学、广告学等应用型学科诞生之后，在与新闻学、信息科学、言语学等学科的结合中问世的，自始便带有强烈的交叉学科属性。早在 1963 年，美国传播学者威尔伯·施拉姆在《人类传播的科学》（*the Science of Human Communication*）中就指出："传播学不是一个我们称谓物理学或经济学那样的学科。传播学更像是一门十字路口上的学科，有很多学科予以穿插，但没有停下来。和其他人文社会科学的门类相比，这是一个少有的学术现象"。[1] 其后发力十足。

1996 年，传播学成为我国教育部认可的一个独立学科。1997 年在全国第五次传播学研讨会上，学者们发出"寻找传播学研究突破口，关注传播学自身建设"的呼吁；2001 年的首届中国传媒论坛，有专家提出，需将传播学原理与运用作为一种基本素质进行教育，以此作为传播教育的新思路，在为社会贡献学科能量与价值的同时，促进中国特色传播学学科建设。在 2008 年中国传播学论坛国际研讨会上，与会学者围绕跨文化传播、传媒教育的多元取向与相互借鉴、传播技术与社会变迁、经济发展与商业传播、传媒产业与媒介经济等专题进行了研讨。在之后的十几年里，传播学相关论坛或研讨多是聚焦应用传播实践领域里的具体问题展开专题研讨。近年来，由于传媒科学与技术的突飞

[1] 陈卫星. 传播的观念 [M]. 北京：人民出版社，2008：3.

猛进，有线电视、卫星电视、数字电视、有线和无线网络、互联网的 N.0 和移动互联网等传媒载体的日新月异，社交平台及自媒体的沉浸式传播，大数据、云计算、AR、VR、MR 及元宇宙等新技术的迅猛发展，当代传播学面临更加复杂多元的泛媒介环境，其理论架构得到更广泛的扩充，学科边界由于多维度延伸愈发难以界定。

关注点一：寻求当代传播学学科建设的生长点，要源于实践且高于实践。在我国早已进入市场经济体制的今天，作为实践活动的传播市场可以区隔为两大基本类别：以“新闻”为主导的公共传播和以“广告”为主导的商业传播（按照不同研究目的有不同的分类标准和分类方法）。当代传播学的学科发展与创新绝不能囿于二者之间的某一个，而是应该从当代新闻学和当代广告学的学科发展中抽象并演绎二者共同循序的认知规律，从个别到一般，从具体到抽象，从现象层级归纳到本质内核。

当代传播学学科的根基依旧是与时俱进的传播学本体理论，而诸如新闻学、广告学、编辑出版学、数字出版、网络与新媒体等应用传播领域则是传播学学科的应用分支和应用形态。传播学与新闻学、广告学专业层次不同、属性不同、地位不同，它们是基础社会科学与应用社会科学之关系。三者之间具有强烈的思辨性，不能简单归结为共性与个性、形式与内容等关系，而是富含丰厚的人本原理与社会实务、人文原则与社会现实的辩证逻辑关系，传播学学科原理与社会实践应用之间不断异化着彼此的本质。因此，不能以应用传播学的发展替代传播学学科自身本体理论的发展。

关注点二：构建适应中国国情，有中国特色的当代传播学学科体系，是发展与创新当代传播学在地域性上的刚需。目前在我国传媒与传播领域，媒体融合及“四全”媒体传播不仅可以使政策落地，而且直接促进业界落实。“跨”“融”“通”的当代传媒景观不仅在传播实践领域大行其道，也在当代传播学的学科建设中开启了人们具有划时代意义的哲学思考：跨媒介经营、融媒体传播，通内容达受众，主流媒体进驻头部社交平台，传播的意识形态化功能被提升到前所未有的认知高度等。以上（只是部分提示）这些在新闻传播学类的专业教学中都需要教师着力强化，学生领悟通透。

时下的我国，“泛传播”“沉浸态”已经成为一种社会流行症，“轻基础泛案例”现象也在高校专业教学上盛行。针对如此现状，我国当代传播学应站在学科高度，燃亮理论的灯塔。一方面，通过传播学本体理论的高屋建瓴发挥人文价值的导向作用，指导传播实践和专业教学的健康前行；另一方面，纵观传媒技术的电闪雷鸣和传媒市场的风云变幻，解构当代社会应用传播领域的种种问题，明辨问题症结，超越各方利益主体寻找解题之方。以此，展示一个具有开放性、国际化，贯穿当代传播理论新视野。同时密切关注交互媒介、社交媒介、自媒介、技术媒介等新媒介形态的传播新现象、新效果，以传统传播学的经典原理、当代传播学的研究范式和创新成果构建当代传播学的方法论原则。

关注点三：当代传播学学科的研究对象比历史上任何一个时期更广域、更深刻，需要洞察和洞悉。伴随技术的发展和社会的演进，一个复杂多变的传媒与传播体系已经呈现在人们面前：万物皆媒体、媒体皆网络、网络皆社交、社交皆资讯、资讯皆舆论场、舆论场皆社会，传媒与传播的多元交互开放长尾无限时空，使作为学科本体理论的当代传播学不断拓展并延伸着自己的研究边界，伴随着数字技术、移动互联、媒体融合、“四全”媒体的传播新业态，我们已经进入了人与传媒、传媒与科技、人与传媒技术不能隔离的新时代，重构人与人、人与社群、人与社会之间的交互关系已成必然态势，诸多应用传播领域的现象级事件或浪潮，倒逼当代传播学理论的发展与创新。

数字网络媒体的便捷及自媒体的普及不断使传媒学界和业界兴奋并震荡着，各路自媒体人快乐并痛苦着。其带来的传媒新文化和人文导向对敏感的传媒受众群体具有不可低估的诱惑力、感召力和影响力。传播学的开放性与多元性决定了传播学学科一直缺乏体系框架这一学科特征，也由此框定了传播学可以作为一级学科，将新闻学、广告学、编辑出版学、网络与新媒体等专业收其麾下的格局。如此广域的范畴使人们对传播学的关注和研究始终处于体系延伸并拓展的动态进程中。伴随着新媒体技术和现代传媒受众消费心理的演进，当代传播学正逢天时、地利、人和的大好发展良机 。

推进当代传播学学科本体论的研究，依旧要遵从传承与创新并举的原则。需要特别强调的是：作为新闻学、广告学、编辑出版学、网络与新媒体等应用传播学专业共同的理论基础及学科原理，当代传播学在新闻传播学类本科教育阶段的基础性如何体现，这是该本体论发展的重中之重！当代传播学自身必须及时研究和集纳当今社会传播实践领域的新形态、新思潮和新问题，以其社会历史的发展逻辑不断充实、更新和完善自身的理论体系，同时建树新的理论模型或知识内容。这不仅是理论知识自身的与时俱进，更是作为传播学学科能否坚守学科领地和科学属性，与社会应用传播同步发展且具有前瞻性指导意义的价值所在。当代传播的市场化与国际化，已经使这一基础性学科价值在其信息功能、经济功能、政治功能和文化功能之外，更加强化了其舆论功能和导向功能。

互联网是全球的，传媒是世界的，传播生态下的共同体已经形成。“人类整体传播学是以共同构建人类命运共同体为核心出发点，研究世界各民族的一切传播行为和传播过程发生、发展的规律及信息与人、社会、世界的复杂互动关系的学问和科学。学术宗旨是共同构建一个和谐包容、开放合作、共赢共享、良性发展的新型传播世界。”[1] 任重而远道，这是专业传媒人的责任与担当。

---

[1] 邵鹏，邵培仁 . 全球传播愿景：新世界主义媒介理论研究 [M]. 杭州：浙江大学出版社，2022：223.

2. 新闻传播学类专业本科基础性主课——“当代传媒科技”

传媒传播的历史就是传媒技术与传播内容交互结合的发展史，驱动当代传播领域迅猛发展的是传媒科技。当代传媒科技对传播“5W”要素到底有哪些影响？这些影响或作用是正向大于负向还是相反？这是包括专业传媒人在内的当代人早已产生疑惑甚至焦虑的问题。

关注点一：专业教师应该构建一种完整的科技观以应对飞速发展的科学技术。于此，我们建议高校所有新闻传播学类的专业教师都来阅读一本凯文·凯利的著作——《科技想要什么》(中信出版社，2011)。因为凯文·凯利在这本书中既不赞同海德格尔的技术批判理论，也不认同由于高科技兴起的生态主义观点，而是从我们生活中充斥着的“技术元素”出发，重新思考了“人与机器的关系”，看到了“科技的生命化特征”，提出了“科技是否具备人性？”这一命题。凯文·凯利在书中提出：“高科技计算机网络并没有使我这样的早期用户迷失心智，而是丰富了我们的思想。这些由人和电线构筑的生态网络具有某种意想不到的有机性。在完全的虚无之外，我们正在培育虚拟的共同体。”[1] 他分析了技术元素的系统性，针对人们普遍认同的“科技只是我们的产品”这一观点，提出“在进化过程中的某个时刻，处于反馈环和复杂互动过程中的工具、机器和观念系统变得非常密集，从而产生了些许独立性。这个系统开始具备某种自主性”[2]。对于人与科技的关系，凯文·凯利明确指出：“现在，技术元素和大自然一样，在人类世界发挥巨大影响，我们应该像对待自然那样对待技术元素。我们不能要求技术服从我们，就像不能要求生命服从我们。有时我们应该臣服于它的指引，乐于感受它的多姿多彩；有时我们应该努力改造它的本来面目，以迎合自己的需求。我们不必执行技术元素的所有要求，但是

---

❶ 凯文·凯利. 科技想要什么 [M]. 熊祥，译. 北京：中信出版社，2011：5.

❷ 同❷：13.

我们能够学会利用这股力量，而不是与之对抗。”[1] 在该书的最后，凯文·凯利揭示了科技正在将所有生物的思维缝合在一起，其真正价值在于：“提高人造物品的多样性，增加科学方法和产生选择的技巧。进化的目标是维持可能性博弈继续。”[2] 以上这些思想，对于高校专业教师理解当代传媒技术的影响，树立一套完整的科技观，无疑会带来很大帮助。

关注点二：深谙技术的本质是什么。关于“技术”的概念，至今在学界依然有所分歧，而达成较多共识的表述是：技术并非仅指工具、机器、设备等物质性的实体技术，而是物质性因素与技能、观念、知识、理论、方法、策略等精神性因素的统一体，它既包含物质因素，也包含精神因素，技术是广义的、复数形式的。一些学者着力于纠正人们头脑中将技术等同于机器的错误观念，将其界定为“技术，不只是机器，是一种思考的方法与过程”，“技术除了机器设备之外还应包括过程、系统、管理及人类（或非人类）的控制机制”[3]。还有学者引导人们从更广义的范畴上理解技术，指出“技术不等同于实体根据，技术是人的活动方式，主要解决怎么做的策略、方法问题”[4]。传媒科技是传媒科学与技术的统称，不仅包括物质性的传媒工具载体，而且包括运用传媒载体的策略和方法等。

这意味着科技的发展对传播媒介自身和传播内容符号可能带来方方面面的影响，甚至改变原有传播媒介本身的性能。当某个系统、子系统、机器、管道、线缆、服务器、代码、计算机、传感器、文档等停留在PC机时代，只能算是一个电子桌面的图文处理工具，然而当英国物理学家蒂姆·伯纳斯·李贡

---

[1] 凯文·凯利．科技想要什么［M］．熊祥，译．北京：中信出版社，2011：18.

[2] 同[1]：354.

[3] 梁林梅，郑旭东．美国教育技术领域的先驱、智者和引路人：詹姆斯·芬恩研究［J］．电化教育研究，2008（10）：26.

[4] 李芒．对教育技术“工具理性”的批判［J］．教育研究，2008（5）：57.

献出他的超文本浏览器及相关协议时，伴随着“WWW”网页概念在PC机上的出现，“万维网”连接起全球的个人计算机终端，互联网的连接性使互联网的本质是关系，互联网的用处是发生关系。正是科技使传媒包围并席卷了人们的工作和生活；又是传媒将科技与人绑定在一起，形成一种新型的人—技关系。虽然科技是人脑的产物，但是科技对物质世界和精神世界的拓展作用使其在传媒领域创造了更多的新机会：连接人、连接事、连接圈层、连接社会。当代传媒科技不仅在驯化人类，还在演化自身，具有更加旺盛的生命力，甚至能够超越人类大脑的母体，当代传媒科技中的“技术元素已经深深地卷入、参与到智人的进化轨迹当中，自组织进程在技术元素的王国里也悄然发生、发酵、演化，并与人类文明进程紧密相连、相互交织”[1]。技术元素发展的内在并固有的趋势是在历时性和共时性上的“趋同进化”。

关注点三：当代传媒科技对我国传媒与传播相关领域所产生的必然影响。首先，应该看到科技对传媒产业宏观发展的价值。多年来，我国传媒业经历了从数字化转型到媒体融合的发展，多项数字化技术的融合应用，给各个行业与领域带来指数级增长的效果。未来已来，大数据的分析与运用、算法建模的多元价值取向、人工智能技术的全方位推进、可视化与云计算技术的普及、个性化生产制作（创作）与3D打印技术的落地、物联网及设备互联技术的全面进入生活和产业、智能机器人与无人机技术的交相辉映、社交媒体与平台技术的日常化生态等技术与应用将极大推动社会各个行业和人们生活形态的数字化，尤其是传媒技术的更新换代，将会发生我们难以预测的变化和效果。虽然科技对传媒产业具有一定负面影响，但其推动产品创新、带动消费升级、促发产业迭代的大趋势是客观必然和不可逆转的。

---

[1] 凯文·凯利.科技想要什么[M].熊祥，译.北京：中信出版社，2011：106.

其次，应该着力分析当代传媒科技对传播要素与传播效果在微观层面的作用。当代传媒科技的进步对传播活动的意义毋庸置疑：它在激活人类主体性、增加传播动能、开发传播生产力、拓展传媒时空、提升传播者的符合组合技艺能力等方面具有前所未有的驱动力。如前所述，传媒技术的可供性几乎可以成为社会热点事件的爆发力或引擎。当代传媒科技的自组织和趋同进化性使其具有可持续且永动性的传播机制。

具体到目前的传媒科技，高校的准专业传媒人面临的职业挑战是如何将当代先进的传媒技术运用到我国主流媒体的传播实践中，并且与市场头部商业媒体具有技术竞争上的优势。实现“品牌+技术”的出圈，需要将新型技术与传播内容、渠道和平台的优势深度融合，需要优化传媒产品的创制流程；需要运用传媒技术实现产品的模态转化；需要“文字+语音+视频符号”同步的产品；需要H5、小程序等多形态产品的共振传播；需要VR、AR、MR等在数字产品内容场景中的渲染；需要诸多网络数字智能产品的交互传播与良性互动；需要Python爬取工具及用户大数据的应用分析与建模；需要融合产品生产平台的高效运营与安全监测；需要以密码技术为核心的区块链分布式版权保护等。

关注点四：新闻传播学类专业的学生必须掌握一些基本的当代传媒技术。高校为社会培养人才，按照《普通高等学校本科专业类教学质量国家标准》对学士学位的规定，本科教育要求学生“较好地掌握本门学科的基础理论、专门知识和基本技能；具有从事科学研究工作或担负专门技术工作的初步能力”。其明确指向是本科毕业生需要具备专业对口行业的“基本技能”和“担负专门技术工作的初步能力”。英国著名语言学家雷·克利福德（Ray Clifford）曾说过：“科技不能取代一切，但是使用科技的人却可以取代不用科技的人。”

首先，是对科技观与技术发展和作用机制的深刻领悟。不可否认，科技的进化甚至超进化功能，正在日益推动着“生命的机器化和机器的生命化”，“机械与生命体之间的重叠在一年年增加”❶。只要模拟人脑，神经网络就可能获得相似或相同的智能，这意味着“机器学习”越来越趋近于人类生理甚至心理活动的功能是未来可期的，其中我们也看到了神经科学会成为人工智能超进化的关键。同时，还必须清醒地看到，虽然我们强调传媒科技及技术工具的价值和重要意义，但技术却是一把“双刃剑”，都需要使用者的选择、评估和判断。

其次，是对当代传媒科技工具的应用技能。例如编程，作为传媒类教育的新闻传播学学科类专业，毕业生将来的执业岗位都离不开数据调研与分析，需要设置上手比较容易的 Python 语言课程，能使学生从了解基本原理到将来在业务压力下不断探索进益，已经有不少本科和硕士研究生自学了 Python 语言，并成功爬取了监测数据，独立开展数据分析。高等学校的本科专业教育很难与社会行业的实践应用同步，但是从最新最密集的行业招聘公告（广告）或用人信息内容里，高校的专业负责人依旧可以及时捕捉到相关行业的岗位需求，尤其在传媒技术领域，用人单位的需求信息毫无保留地呈现出具体岗位（工位）对招聘人才的技术要求，如对 CG（Computer Graphics，即通过计算机软件所绘制的一切图形的总称，国际上习惯将利用计算机技术进行视觉设计和生产的领域通称为 CG）领域的软件要求等。CG 领域常用的主要软件（以 Adobe 系列为例），如表 2–2 所示。

---

❶ 凯文·凯利．失控［M］. 东西文库，译．北京：新星出版社，2014：5.

表 2-2 CG 领域常用的主要软件（以 Adobe 系列为例）

软件英文名称	软件中文名称和功能		应用场景
	功能名称	功效机理	
Ps（Photoshop）	图像编辑软件	可进行图像编辑、合成、校色调色、特效制作等。功能主要分为：①图像处理，用计算机对图像进行分析，又称图片处理、影像处理、照片处理、后期处理、P 图、Ps 等；②绘图功能：处理以像素构成的数字图像，有众多编修与绘图工具，可有效编辑图片或创造出全新的图片。是目前公认较好的通用平面美术设计软件	广泛用于文字、视频、出版等各方面的图像处理工作。几乎在所有广告、出版和软件公司都是首选的平面工具
Au（Audition）	音频编辑软件	可录制、混合、编辑和控制数字音频文件；可创建音乐、制作广播短片、修复录制缺陷。通过与 Adobe 视频应用程序的智能集成，还可将音频和视频内容相结合，功能强大，控制灵活，产生专业级效果	提供给在摄像室、广播和视频后期制作工作方面的音频和视频专业人员
Pr（Premiere）	视频编辑软件	可进行采集、剪辑、调色、美化音频、字幕添加、输出、DVD 刻录等一整套流程。能与其他 Adobe 软件高效集成，完成在编辑、制作等工作流程上遇到的所有挑战，满足创建高质量作品的要求	广泛用于广告和电视节目制作中。可以提升创作能力和创作自由度
AE（After Effects）	非线性特效合成软件	可处理图形视频，创建高效、准确引人注目的动态图形和令人印象深刻的视觉效果。作为 2D 和 3D 后期合成软件，可产生百种特效及预置动画效果，与 Premiere、Photoshop 等软件和主流 3D 软件（Maya、Cinema4D、3ds MAX）可以无缝结合	在影像合成、动画、非线性编辑、设计动画样稿、多媒体和网页动画等方面创造视效

（续表）

软件英文名称	软件中文名称和功能		应用场景
	功能名称	功效机理	
AI（Adobe illustrator）	矢量插画软件	为矢量图形处理工具，用于印刷出版、海报书籍排版、专业插画、多媒体图像处理和互联网页面制作等。已占据全球矢量编辑软件市场的大部分份额	用于出版、多媒体和在线图像的工业标准矢量插画
ID（In Design）	印刷排版软件	制作海报、书籍、数字杂志、电子书、交互式 PDF；有图层样式和自定义裁切等功能；有内置模板等	用于定期出版物、海报等印刷媒体

除了掌握 CG 领域常用的主要软件的应用技能外，新闻传播学类的学生还应该了解当代传媒科技中直接影响视觉效果的传播技术，如表 2–3 所示。

表 2–3　当代传媒科技中虚拟与现实技术效能

技术名称	技术效能		应用目的
	接口及转换	效能与机理	
虚拟现实（VR）	头戴设备 VR 眼镜等工具借助于计算机实现虚拟现实	感受由计算机媒介打造出来的虚拟世界，给用户带来强烈的沉浸感。VR 眼镜只能在视觉和听觉上感觉虚拟环境。要打造真正的沉浸效果，需要结合特定环境（如三维互联网等），以及在嗅觉和触觉上也能拟真	VR 能使用户沉浸在虚拟环境中

（续表）

技术名称	技术效能		应用目的
	接口及转换	效能与机理	
增强现实（AR）	与VR相似，同样要接触外设，以及多种传感器	增强现实的核心技术是环境识别。要识别出通过摄像头拍摄的目标，然后把虚拟的图像展示在目标物品上。AR现实增强只需要运算所要展示的目标图像，而不用像VR那样运行整个虚拟场景（现实中＋虚拟物）	AR能创建叠加了虚拟内容的世界，但不能与真实环境交互
混合现实（MR）	可穿戴设备VR+AR，即为VR和AR两种技术的结合产物	在虚拟场景中又带入现实的真实物体，宛如在虚拟和现实世界中搭建一条互通道路，虚中有实，真实感更强。是对虚拟现实VR的一种升级技术（虚拟场＋现实物）	MR是虚拟与现实的混合体，创造出与真实环境交互的虚拟物体
影像现实（CR）	可穿戴设备是MR技术的另一种不同的实现方式	通过设计光波传导棱镜，把画面在不同的角度呈现出来，使视野更加的宽广，虚拟影像更加真实，甚至达到以假乱真的地步。与屏幕投射技术不同，使图像和视网膜交互，解决了视角和晕眩等问题	CR与MR比较相似，反映在产品使用及用户体验上
扩展现实（XR）	可穿戴设备是AR、VR和MR三者视觉交互技术的融合	是AR、VR、MR等多种形式的融合与统称。通过计算机技术和可穿戴设备产生的真实与虚拟组合、可人机交互的环境，实现了虚拟世界与现实世界之间无缝转换的“沉浸感”体验	XR是以上虚拟现实的延伸技术。含多种现实术语

"视效"即视觉效果，这是一个在当代传媒科技中举足轻重的概念。真实是唯一的，现实是传媒选景呈现的（框架理论），视效是运用计算机和软件技术人工创制的。真实与现实都是具有物理性实体而客观存在的，而经过"创意构思 + 技术"赋能在计算机系统里生成的"视效"则可能千姿百态，呈现或"复刻"现实或部分现实或完全脱离现实。于是出现了"虚拟现实"（缩写为"VR"，即 Virtual Reality）这一概念，它的学术原理抑或技术机理是利用感官和心理上的错觉，借助各种现实可控的接口设备，把人的主观意识带入一个由计算机合成的虚拟世界，这是一切"虚拟"现实的基础。虚拟现实具有补偿性，对人生的意义是非凡的，是超越性的；"增强现实"（Augmented Reality，AR）是把计算机合成的虚拟作品投射到现实的物理空间；混合现实（Mixed Reality，MR）则是"VR+AR"，是二者的结合，在虚拟的场景中又带入现实的真实物体，使虚中有实，真实感更强。"MR"将"VR"与"AR"两种技术结合使用，在虚拟和现实世界中之间搭建了一条互通的渠道，使人可以与之互动；扩展现实（Extended Reality，XR）是通过计算机技术和可穿戴设备产生真实与虚拟的结合，这是一个可以进行人机交互的环境，是 VR（虚拟现实）、AR（增强现实）、MR（混合现实）的合称，并能将三者视觉交互的技术相融合，以实现虚拟世界与现实世界之间无缝转换的"沉浸感"体验。

人所生存的现实世界只能"是其所是"，而虚构世界可以"是其所不是"，所以"虚构"一直是人类文明的底层冲动。依照人类的需求逻辑和传媒科技自身的发展规律，虚拟现实视效的时空必然从二维扩展到三维，实现从平面互联网到立体互联网的变迁和升级（游戏正是具有这种技术属性的初始产品）。

虚拟与现实交互的各种"视效"是经过人—机接口设备形成通路的。目前能够实现这种功能的设备形态丰富多样，既有可直接下载到个人计算机桌面的入口平台，也有各种可穿戴性的接口设备，如 VR 眼镜、VR 手套、触控背心等，其各种接口设备的形态各异，如图 2–1 所示。

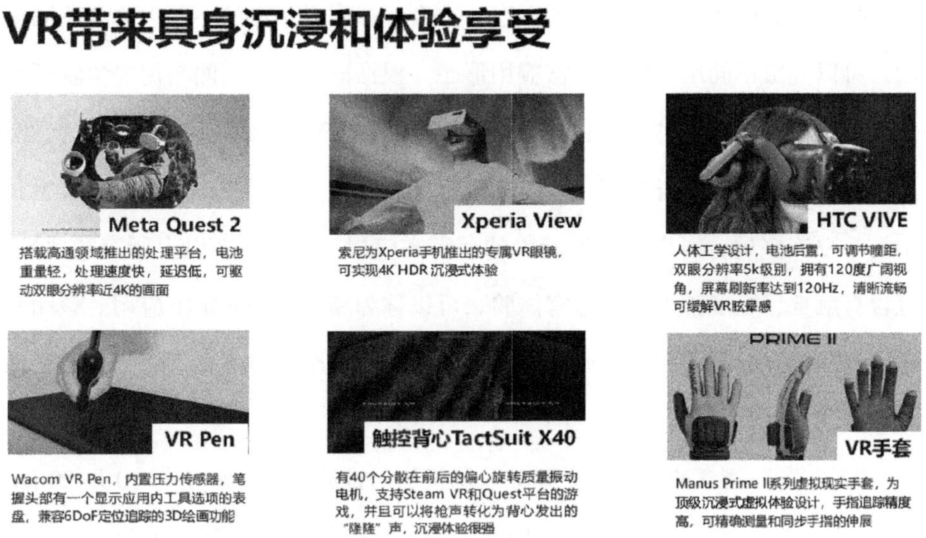

图 2–1 《清华元宇宙 2.0 报告》里的接口设备图示

关注点五：“元宇宙”及应用的人类心理与技术机理。什么是“元宇宙”？清华大学新闻与传播学院新媒体研究中心于 2022 年 1 月 21 日发布的《清华元宇宙 2.0 报告》显示：“元宇宙是整合多种新技术产生的下一代互联网应用和社会形态，它基于扩展现实技术和数字孪生实现时空拓展性，基于 AI 和物联网实现虚拟人、自然人和机器人的人机交融性，基于区块链、Web 3.0、数字藏品 /NFT 等实现经济增值性。”具体说来：“元宇宙是三维化的互联网，通过 XR、数字孪生等技术实现。三维时空催生虚拟人和实体化机器人，虚拟人和实体化机器人依靠 AI 引擎实现；虚实空间和个体的本体存在创造经济活动，依靠区块链、Web 3.0、数字藏品 /NFT 等技术或机制实现。”可见“元宇宙”是综合利用计算机图形系统和各种现实可控的接口设备，在科技赋能后生成的可交互环境。这就是元宇宙及应用的技术机理。

元宇宙提供给用户的不仅是某种深度沉浸的感觉和体验，更重要的价值在于各种应用、商业模式和公益新形态。迄今，根据元宇宙的不断进化和不同应用，可以分出不同层级的元宇宙应用形态。根据清华大学新闻与传播学院新媒体研究中心专家团队的分类：如果是 VR 或裸眼 3D 或 AR 应用，具备社交性、开放性、经济性、分身性等，可以称为标准版的元宇宙应用；如果缺少以上其中的一项或多项，可以称为低配版的元宇宙应用；如果具备以上所有的属性，且含有触觉、温度感等多种感官体验，可以称为高配版的元宇宙应用。该团队还揭示了构建标准的元宇宙要经过数字孪生、虚拟原生、虚实共生和虚实联动四个步骤。

“元宇宙”概念的复生，受到互联网机构的推波助澜。2021 年 10 月 28 日，脸书（Facebook）创始人宣布：把母公司更名为“Meta”，暗示了脸书对元宇宙的雄心。2021 年 11 月 2 日在微软 2021 年技术大会上董事长提出：“把数字世界与物理世界融为一体，把计算机植入真实世界，把真实世界植入计算机。”当天微软股价大涨，市值达 1.25 万亿美元，瞬间成为世界市值最高的公司。“虚拟现实”是由美国 VPL 公司创始人杰伦·拉尼尔（Jaron Lanier）在 20 世纪 80 年代初提出的，也称灵境技术或人工环境。1990 年 10 月，钱学森院士在写给好友的手稿中就提到“Virtual Reality”，并将其译为“灵境”，如图 2-2、图 2-3 所示[1]。

---

[1] 图 2-2 和图 2-3 均选自清华大学新闻与传播学院新媒体研究中心于 2022 年 1 月 21 日发布的《清华元宇宙 2.0 报告》。

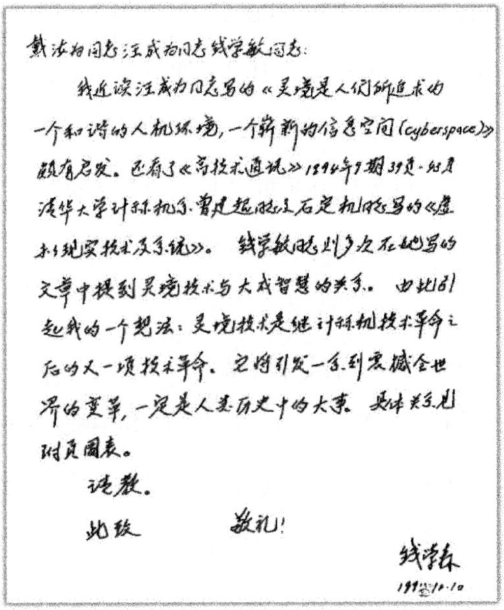

戴汝为同志、汪成为同志、钱学敏同志：

我近读汪成为同志写的《灵境是人们所追求的一个和谐的人机环境，一个崭新的信息空间（cyberspace）》颇有启发。还看了《高技术通讯》1990年9期39页-45页清华大学计算机系曹建超同志、石定机同志写的《虚拟现实技术及系统》。钱学敏同志则多次在她写的文章中提到灵境技术与大成智慧的关系。由此引起我的一个想法：灵境技术是继计算机技术革命之后的又一项技术革命。它将引发一系列震撼全世界的变革，一定是人类历史中的大事。具体关系见附页图表。

请教。

此致　　敬礼！

钱学森

1990.10.10

图 2–2　钱学森院士 1990 年 10 月 10 日写给好友戴汝为等的手稿

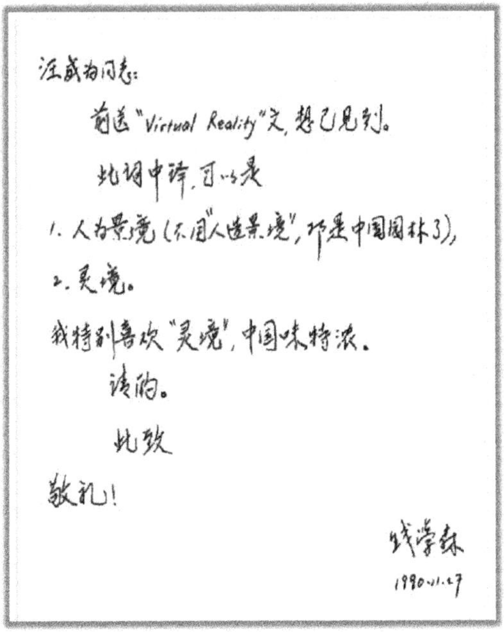

汪成为同志：

前送"Virtual Reality"文，想已见到。

此词中译，可以是

1. 人为景境（不用"人造景境"，那是中国园林了），
2. 灵境。

我特别喜欢"灵境"，中国味特浓。

请酌。

此致

敬礼！

钱学森

1990.11.27

图 2–3　钱学森院士 1990 年 10 月 27 日写给好友汪成为的手稿

人在现实世界所缺失的，将努力在虚拟世界中得到补偿，这是元宇宙的人生意义。在有需求或闲暇的时候，用户会通过自己的真身复刻（虚拟人）在元宇宙里试探自身存在的更多种可能性，在虚拟的世界里看到、得到（如数字藏品）并体验在现实世界里无法满足的种种。寻找人类生活的存在感，在一个虚拟世界收获更多的补偿感、参与感和沉浸感，这是发自人们内心深处的心理欲求。

3. 新闻传播学类专业本科通识性主课——“四史”系列专题

历史是最好的老师。2021 年 5 月 25 日，中共中央办公厅印发了《关于在全社会开展党史、新中国史、改革开放史、社会主义发展史宣传教育的通知》。在中国共产党成立 100 周年之际，党中央号召在全社会开展“四史”宣传教育并作出了安排部署。以史鉴今、资政育人，这不仅是中国共产党在历史中汲取智慧和力量的优良传统，也是人类在认识论中不断同化于己，顺应于物，构建与重构元成分的认知逻辑。对于我国高等院校的本科教育而言，是以史料叙事、论据实证，使大学生心悦诚服地热爱中国共产党、信任社会主义制度的有力教材，在客观上是提升高校立德树人，实现课程思政的有效途径。对于新闻传播学类的本科教育而言，“四史”教育是传媒类专业的学生不可或缺的通识性主课内容。

第一，中国共产党党史就是一部中国共产党 100 多年来拯救中华民族和发展新中国的历史。“没有共产党就没有新中国”这句耳熟能详的歌词早已人人皆知并朗朗上口，然而“熟”不等于“信”，只有信服和信任才有信仰和跟随。历史是最好的教科书，如图 2-4 所示。

图 2-4　2021 年 7 月 1 日参加天安门广场庆祝活动的大学生在微信发声

2021 年 7 月 1 日，在天安门广场参加了中国共产党成立 100 周年庆祝活动的大学生纷纷发微信朋友圈：“我将无我，不负人民”，“百年征程波澜壮阔，百年初心历久弥坚，百年恰是风华正茂”，“第一个百年目标已经完成，期待我党能乘风破浪，在第二个百年时获得更辉煌的成就！也期待我能在此期间贡献一份微薄之力”。这正是他们发自肺腑的感叹和心声，这些殷切深情的诉求使我们看到，当年轻人了解了中国共产党百年奋进史后所受到的精神震撼。“党的历史是最生动、最有说服力的教科书。认识中国共产党，认识党为之奋斗的伟大事业”[1]，铭记历史，吾辈自强。

从拯救苦难深重的中华民族到让中国人民站起来、富起来、强起来，中国共产党 100 多年来在各个历史时期取得的伟大成就有目共睹：我党领导人民浴血奋战、百折不挠，创造了新民主主义革命的伟大成就；自力更生、奋发图强，创造了社会主义革命和建设的伟大成就；解放思想、锐意进取，创造了改革开放和社会主义现代化建设的伟大成就；自信自强、守正创新，创造了新时

[1] 本书编写组.《社会主义发展简史》简介 [N]. 人民日报，2021-09-30（007）.

代中国特色社会主义的伟大成就。党和人民百年奋斗，书写了中华民族几千年历史上最恢宏的史诗。一位来自出版社的媒体人曾有过这样一段阐述：最近学习党史，有一天突然体悟到“以用户为中心”这句话的源头和中国共产党的宗旨也许有着某种内在的联系。中国共产党最本质的特征就是以人民为中心，全心全意为人民服务是党的根本宗旨。如果跳出职场语境，从更广义的范围来看，“以用户为中心，为用户创造独特价值”拔高了的表述大概是“以人民为中心，为人民谋幸福”。当然，我这个类比未必合适。“以用户为中心”“以人民为中心”的反面就是“以自我为中心”——在我们和这个世界相处时，把“小我”放得过大，不能摆正自己与世界的关系。所以，从根本上而言，“以用户为中心”不仅适用于工作与职场，而且还适用于我们每个人与这个世界如何相处——我们能为这个世界贡献什么样的价值？[1]从这位出版人的领悟中我们看到了一种价值观的迁移。中国共产党“以人民为中心，为人民谋幸福”和“为人民服务”的宗旨对于新时代媒体人传承红色基因，永葆本色，构建“三观”具有深刻的政治影响和文化意义——知史爱党。

第二，新中国史是一部中国共产党带领人民走中国特色社会主义道路的历史。新中国成立以后，中国共产党“团结带领全国人民建立起社会主义基本制度，开展了大规模的社会主义建设，初步形成了完整的国家工业体系和国民经济体系，科学文化等各项事业也取得了显著进展。但在这个过程中，我们也曾在探索中走过弯路，遭受过巨大挫折，痛定思痛，深刻总结历史经验，我们在改革开放进程中最终走出了一条中国特色社会主义的成功之路”[2]。新中国的发展道路是中国共产党带领中国人民在艰辛探索中开辟出来的适合中国国情和长远发展的道路，即“中国特色社会主义道路”。

---

❶ 陈德．一个传统出版人从喜马拉雅学到了什么 [N]. 出版实务周报，2021-08-01.

❷ 刘建军．学习“四史”，不断深化四种认识 [N]. 中国教育报，2020-07-16（005）.

让历史告诉未来！学习新中国史，才能使年轻的一代代人了解今天我们所拥有的一切是如何来之不易；才能使新闻出版学类专业的准媒体人深刻理解中国的社会主义制度，提升对中国特色社会主义的道路自信、理论自信、制度自信和文化自信，以正确的政治站位理性发声，担负起传媒人的守望责任——知史爱国。

第三，改革开放史是一部使我国从封闭型经济弱国转变为开放型全球经济大国的历史。1978 年 12 月 22 日，《中国共产党第十一届中央委员会第三次全体会议公报》的发布拉开了我国改革开放的帷幕，《人民日报》1978 年 12 月刊载了党的十一届三中全会公报，如图 2–5 所示。

人民日報

RENMIN RIBAO

全会决定，鉴于中央在二中全会以来的工作进展顺利，全国范围的大规模的揭批林彪、"四人帮"的群众运动已经基本上胜利完成，全党工作的着重点应该从一九七九年转移到社会主义现代化建设上来。

中国共产党第十一届中央委员会第三次全体会议公报

（一九七八年十二月二十二日通过）

图 2–5 《人民日报》1978 年 12 月刊载了党的十一届三中全会公报

党的十一届三中全会以来，在中国共产党的正确领导下，全国各族人民解放思想、锐意进取，使中国大地发生了翻天覆地的变化。我国改革开放的历程可以划分为五个阶段，如表 2–4 所示。

表 2–4 我国改革开放发展的五个阶段

阶段	时间	政策	改革	观念	目标
第一阶段	1978 年 12 月—1984 年 10 月	《中共中央关于经济体制改革的决定》	在农村开始试点，实施家庭联产承包责任制	从以阶级斗争为纲转变到以经济建设为中心，从封闭转变到扩大开放，从固守陈规转变到大胆改革	初步探索
第二阶段	1984 年 10 月—1988 年 9 月	《关于治理经济环境整顿经济秩序全面深化改革的决议》	从农村转移到城市，从经济领域扩展到政治领域、科技教育及其他领域	改革的深度和广度都较前一时期有显著进展，故称为全面的改革探索阶段	全面展开
第三阶段	1988 年 9 月—1992 年	1992 年春天邓小平同志南方谈话，秋季召开了党的十四大	价格“双轨制”、物价上涨和一些腐败问题发生，国内外形势复杂	涌现出不同倾向的社会思潮； 党的十四大后坚定不移地推进改革开放，确立了社会主义市场经济体制的改革目标	遇到挫折
第四阶段	1992 年初至 2002 年 10 月党的十六大召开	初步建立了社会主义市场经济体制基本框架。冲破计划经济崇拜和所有制崇拜	实现计划经济向社会主义市场经济的转变；是改革开放曾经走过的最艰难的历程	确立目标后的一系列理论上的创新，标志着改革开放进入了一个新的阶段、新的层次，也是改革开放的重要成果之一	新阶段
第五阶段	2002 年党的十六大至今	2003 年党的十六届三中全会对建设完善的社会主义市场经济体制做出全面部署	开创和形成中国特色社会主义新时代，中国的改革开放事业也进入了全面改革开放的新时代	党中央统筹推进“五位一体”总体布局、协调推进“四个全面”战略布局	继续推进

春华秋实，改革开放40余年来，我国在经济建设、政治建设、城乡建设和社会建设等方面都取得了举世瞩目的伟大成就，人民从生存走向生活，从“有没有”变成了“好不好”，追求高品质的生活成为人生目标。这些对于目前和未来新闻传播学类专业的媒体人而言，他们没有过亲身经历更没有主观感受，只有学好这段历史才能熟悉我国社会主义建设过程的艰难曲折和发展轨迹，理性认知当下诸多社会现象的来龙去脉，洞悉中国特色社会主义道路要面临的艰难险阻。如此，在面对诸多社会不良思潮时，才能坚守立场、把准原则、产生定力——知史爱民。

第四，社会主义发展史是我国社会主义发展之理论逻辑、历史逻辑和实践逻辑的有机统一。在“四史”教育中，社会主义发展史内容也是为了配合党史的学习，使理论与实践的发展逻辑与历史逻辑相互印证，进而深刻阐释中国特色社会主义的历史进程。其内容范围更广、更深，视野更大。不仅有社会主义发展的历史主题、历史脉络、历史规律和社会主义发展宏阔壮丽的历史进程，还包括“社会主义史、国际共产主义运动史的最新成果和丰富素材，从人类社会发展规律高度，展现社会主义从空想到科学，从理论、运动到实践、制度，从一国到多国，从初步探索到全面改革，从开辟中国特色社会主义道路到迈进中国特色社会主义新时代，百折不回、开拓前进、波澜壮阔的历史全貌”[1]。

对于20世纪90年代以后出生的年轻人而言，他们中的大多数都是互联网上的“原住民”，对社会制度的物性体验少，对虚拟世界了解更多。作为新生代专业媒体人，他们的情感投放和价值取向直接关系到传媒与传播内容的导向。“社会主义发展史特别是中国共产党人一百年来矢志不渝、砥砺奋斗的历史，是一部为主义而献身、为理想而奋斗、为信仰而坚守的历史，无数志士仁

[1] 本书编写组.《社会主义发展简史》简介[N].人民日报，2021-09-30（007）.

人为之前仆后继、奋不顾身，数以亿计的人民群众紧紧追随、英勇斗争，演绎了无数动人的故事，建立了光耀千古的历史功勋。”[1]只有从世界社会主义发展的历史，特别是中国共产党、中国特色社会主义的恢宏历史中汲取智慧、力量和信心，才能把牢关于制度传播的社会主义方向，做好新时代的宣传和舆论工作，更加坚定社会主义的制度自信。

4. 新闻传播学类专业本科通识性主课——“当代媒介素养”

媒介素养是关于人—媒背后的人与人、人与社群和人与社会交互关系的认知素养。当代媒介素养关涉社会每一位公民在数字网络及全媒介环境下体验媒介、解构媒体、分析媒介讯息和创制媒介产品的知识及技能素养。这是当代人，尤其是当代专业媒体人不可或缺的，近年来一些媒体乱象（像）屡屡印证着这一点。所以，对于高等院校新闻传播学类专业的大学生而言，除了要把“四史”作为专业通识性主课之外，还必须重视当代媒介素养，因为这是专业媒体人深谙媒介、洞察受众、内化本我、和谐生态的人文素养和传媒技能，是专业媒体人不可替代的职业素质和专业学养。

第一，媒介素养是什么？“媒介素养”是指人们接触传媒、获取信息，解读和接受讯息并利用媒介工具传播信息的知识能力和文化素养。“媒介素养是指人们批判性地解读和欣赏多种媒介讯息与作品及利用媒介获得自身和谐发展的能力。”[2]当代媒介素养既包括面向社会全民科普性的媒介素质教育——作为当代文化人在多形态传媒海量信息流通中的知识素养和生存技能，也包括建立在全民科普性媒介教育基础上，面向专业媒体人的知识学养和业务技能教育，这是本书的重点阐释对象。由于当代媒介素养直接关涉媒体人的职业操守和道德圭臬，我们倡导在全国各高校新闻传播学类各个专业的本科教学中，把“当

[1] 本书编写组.《社会主义发展简史》简介 [N]. 人民日报，2021-09-30（007）.

[2] 白传之，言欢. 媒介教育论 [M]. 北京：中国传媒大学出版社，2008：27.

代媒介素养”设置为学科性通识必修课，而且上升到主课的高度给予重视，强化督导，提高认知，增加学分（目前有的高校仅仅设置为一学分，而且课时偏少等）。之所以这样是因为：纵观传媒学理的演进，新时代新的媒介环境在呼唤；面对大学生对媒介素养教学的感性体验，传媒通识教育的收效斐然。

关注点一：尽管媒介素养这一概念纯属“舶来品”，但近年来我国已经创新了媒介素养教育内容，形成了具有中国特色的当代媒介素养教学体系。1929年，英国伦敦教育委员会出版的《教师建议手册》提到“媒介素养教育”，第一次开辟了文化教育的一个新领域，敦促教师对学生进行关于评价和抵制低俗电影的专门培训，这是最早的媒介素养教育例证。1933年，英国学者弗·雷·利维斯和其学生丹尼斯·桑普森发表文化评论论著《文化和环境：培养批判意识》。该书首次就学校引入媒介素养教育的问题作了专门的阐述并提出了系统的教学建议。他们认为新兴的大众传媒在商业动机刺激下所普及的流行文化（如当时的电影里充斥着血腥、暴力和性等元素），往往是在推销一种“低水平的满足”，误导社会成员的精神追求，尤其对青少年成长产生负面影响，因此教育界应以系统化课程或训练，来培养青少年的媒介批判意识，使他们能够辨别和抵御大众传媒的不良影响。

1994年，中国社会科学院新闻研究所笔名为“夏商周”的专家（即现在中国人民大学的陈力丹教授）首次把媒介素养教育介绍到中国。但是迄今，媒介素养教育在我国仍然处于自发渐进状态，发展并不丰茂。伴随以手机为代表的智能终端的普及和网民沉浸式的媒介消费，学界对社交媒介、低头族、围观、网络舆情等研究增多，进入了媒介素养的学术研究与实践应用的升级阶段。2004年1月，经教育部备案批准，中国传媒大学（当时的北京广播学院）传媒教育研究中心在国内率先设置了传媒教育硕士点和“媒介素养研究方向”；2004年9月，上海交通大学新闻传播信息技术学院首开“媒介素养”公选课；

2006年3月，云南大学新闻系开设“媒介素养”课程；2010年，北京印刷学院设置了“媒介素养”为全校公选课，教学5轮后，主讲教师的《当代媒介素养十讲》由中国人民大学出版社作为“21世纪通识教育系列教材”出版，其后在四年内印刷了三次，教材被几十所院校选用，这在一定程度上反映出国内高校媒介素养教育的发展。

在媒介素养的学术研究方面，2013年彭兰撰文将媒介素养的主体分为公众、传媒业者和政府机构与官员媒介素养三类；2016年张开发表了《媒介素养学科建立刍议》，倡导应构建媒介素养学科，将以往不同视角的研究提升到跨学科高度；2017年12月，隶属于北京市委宣传部的千龙网发布了网络素养十条标准；2018年1月喻国明提出“知、意、行”合一是网络素养测评的根本所在。伴随传媒在技术驱动下逐渐进入了“两微一端”（微博、微信、移动端App）形态，当代社会提高社会公众的媒介素养固然重要，但同时提升专业媒体人的媒介素养更加迫切。

总之，媒介素养是一种视角，是一种观察方法，是一种多维度解读传媒内容的世界观，是一种批判性接受传媒资讯的方法论，是一种解构媒体传播行为的知识模式，是一种自我支配大脑编码的理解模式，是一种辨析文本意义影响的能力模式。总之，媒介素养是当代传媒人必须修炼的基本功。

关注点二：传媒科技直接驱动传播效果，这对专业媒体人提出了新的挑战。近几年来，传媒技术的突飞猛进，使传媒与传播的每一个环节都需要传播者掌握一定的传媒应用技术。伴随着互联网2.0升级到互联网3.0，人们沉浸于“移动智能社交+电商平台”，移动互联的即时性将现场记者与编辑等工作合而为一，短视频的生产制作已经成为专业传媒人的“门槛”技能。业界有人认为2021年是“元宇宙”的元年，2D互联网正在向3D互联网，即平面互联网正在向立体互联网发展，其中的VR、AR、MR等技术原理及应用都需要专业媒体人驾轻就熟。所以专业媒体人既需要及时了解传媒科技的发展和作用效果，还要跟进传媒技术的应用。

关注点三：当代媒介素养教育的本质是解读传媒符号；解剖媒介要素；解构传媒主体；解析传媒机构。其中每一过程都既有技术元素主导下工具效能，又有媒介逻辑下传媒各要素的主体能动。作为社会公众所需要的媒介能力，主要是辨析媒介讯息的能力和使用媒介平台的能力（包括技术应用能力）。而作为专业媒体人，除了具备社会公众这两项基本能力，还必须具备洞悉受众需求和导正舆情的媒介把关能力。当代媒介素养教育的学术家园是人文学科，专业传媒人既要具有一种严谨缜密的思维能力和深邃宽广的人文情怀，还需要政治站位，也需要技术加持。

第二，媒介素养学什么？媒介给予人“Sight”，即一种视觉、视界与视野；媒介素养给予人的是“Insight”，这是一种洞察、洞悉，是一种警示。犹如每个人都能在温度计上找到自己的某个刻度，人们的媒介素养不会为零。一定意义上讲，所有的人都具有一定的媒介素养，只是水平的高低而已。媒介素养不是一种天赋，需要后天的媒介教育与养成。人们的媒介素养总会有提升空间，伴随着每个人的知识学习和成长阅历，一个人在其一生的任何阶段都需要提升自身的媒介素养。

媒介素养学什么？根据多年的教学实践和学生反馈，从教材到课堂，主讲教师将当代媒介素养的教学内容分为十个章节。

◆ 第一章　你的刻度在哪里——媒介素养范畴

◆ 第二章　鱼知道自己是湿的吗——媒介本体属性

◆ 第三章　谁的风笛谁定调——媒介功能与话语权

◆ 第四章　谁在背后玩拼图游戏——媒介语言与现实

◆ 第五章　受众去哪儿了——受众认知与个体差异

◆ 第六章　当我们不需要纸了还需要报吗——报刊媒介素养
◆ 第七章　视频影像能让我们眼见为实吗——影视媒介素养
◆ 第八章　如果你遇到谷歌的街景车——互联网时代与素养
◆ 第九章　技术想要什么——媒介技术互动与报复
◆ 第十章　风能进雨能进国王不能进——媒介法规与政策管理

植根于传播学学科体系的知识生态变迁，当代媒介素养教育要使人们在传媒环境中针对各类信息具备一定的选择、理解、质疑、评估、创造和生产能力，同时逐渐养成思辨性的反应能力。媒介素养教育通过介绍媒介本体属性、传媒产业运作、媒介语言与现实、受众认知结构与差异、媒介传播效果与审查制度等内容，使新闻传播学类专业的学生具备理性解读媒介讯息并科学运用媒介工具的现代人文素质。媒介素养决定了人们对媒介讯息的判断和使用能力，当代传媒人的媒介素养直接影响现代媒体的传播力、公信力和影响力。

第一章，媒介素养范畴。什么是媒介素养；媒介素养的个人定位、知识结构、媒介技能三大基石；媒介素养的知识模式、能力模式和理解模式三个模式；媒介素养刻度表的低级、中级和高级三个阶段和十个层次（基础知识—学习语言—学会叙述—开始质疑—拓展媒介—内涵发展—经验探索—批判鉴赏—个体表达—社会责任感）；媒介素养的几大经典理论；作为提升媒介素养核心工具的批判性思维方法；当代媒介素养教育的本质和目的等。

课程思政的切入点：以“当代媒介素养刻度表”切入，坚持辩证唯物主义的有的放矢原则。用“温度计”测量人人都有的媒介素养存在的高低之差，进而归纳结论，使学生自觉推理到媒介素养的最高层次是社会责任感。基于社会责任感，逻辑演绎出政治意识、大局意识、核心意识、看齐意识“四个意识”的社会意义，以培养有责任、有担当的专业媒体人。

第二章，媒介的本体属性。传媒的本质；媒介类别与媒介载具之界定；作为物质载体和意义符号的媒介生态的两个层次；媒介呈现、媒介技术、媒介语言、媒介产品、传媒产业等媒介本体构成要素；媒介融合的界定；全程媒体、全息媒体、全员媒体、全效媒体“四全”媒体的意义；传媒的偏向性与框架性等本体特征；传媒的技术和工具属性、社会属性、文化属性和产业属性；媒介效果与传媒铁律等。

课程思政的切入点：通过解构媒介的本体属性，以学理逻辑叙事，展示媒介立场和商业驱动力等知识点。通过解构党中央关于“媒介融合”及深度融合的发展战略，使中央政策等相关思政元素内化于心，从媒介分类的两个基本层次上实现政治话语、学术话语、媒介话语和生活话语的融通及转化。

第三章，媒介的功能与话语权。媒介的监督守望、联系社会、传承文化、娱乐生活、催化经济等“连接性”功能；话语权的实质与传媒话语权；影响力、传媒影响力及其本质。

课程思政的切入点：通过《亮剑》《跨过鸭绿江》《彭德怀元帅》《觉醒年代》等一系列主流影视剧题材论证媒介的“涵化”功能，展示党史和国史片段，进而隐性渗透爱党、爱国、爱社会主义、爱人民、爱集体的思想元素，强化媒介功能的善用和引导作用。

第四章，媒介语言与现实。语言的性质与媒介语言；媒介语言符号特征；媒介构连理论；媒介信息的真实性的判断依据；媒介再现理论；语言、语境、语义、语用的界定及交互关系；媒介语言符号与现实的关系。

课程思政的切入点：以图文展示社会主义核心价值观为切入点，通过知识熏陶滋养学生的先进文化底蕴，用学理逻辑和知识的力量使社会主义核心价值观征服和深入人心。阐释为什么传媒人要追求“下一步的真实”，使学生理解什么叫“大局意识”。

第五章，受众认知与个体差异。传媒受众由大众向小众的转变；生产受众是传媒产业经营的核心目标；受众接触媒介的求新、求异、求讯息、求交往和交流的刚需性心理动机；身体接触、感知接触和心理接触的三种受众媒介接触类型；自动状态、留意状态、情不自禁状态、自我反省状态的四种受众接触媒介状态；受众认知结构中的元成分、操作成分和知识获得的三种成分及认知特征；受众处理信息中过滤信息、意义匹配和意义构建的三重任务；受众解读信息分为合意性解读、协商性解读和对抗性解读的三种模式；受众的个体差异性；沟通元与受众的协同创意等。

课程思政的切入点：以“阅读—分析—反推”这一媒介素养的精髓切入，立足于政治认同和家国情怀寻找受众的“沟通元”，以引导学生运用批判性思维工具审辨各类网络讯息，科学选择信息的解读模式。

第六章，报刊媒介素养。报纸与新闻纸的界定；报纸的优劣势特征；我国报媒的历史厚重感、品牌正统性和权威公信力等品性；报媒的工具性职能；免费报的主要特征；构成报纸媒介价值的内容、发行和品牌形象三要素；报纸的生态与盈利模式；数字报与报媒意识的构建；数字报的生态和盈利模式；期刊的界定；期刊的品性与品牌影响力；数字化阅读与电子期刊发展阶段；报刊数字化的意义在于科技加持下的品牌增值；数字阅读中的 OA 期刊和期刊云；期刊的生态和盈利模式。

课程思政的切入点：通过报媒属性的知识阐释传承印刷文明，弘扬先进文化。基于学校的学科背景，以思想价值取向理性解构传统印刷文字与文案有主题、有内容、有逻辑、有理性、有思想造就的印刷文明，进而使学生自觉继承和弘扬我国主流媒体权威的公信力和准确并严谨的符号表达内容。

第七章，影视媒介素养。视频语言中的图像、声音和文字等主要元素及作用；画面语言、声音语言、造型语言、镜头语言、特技语言和编辑语言等诸多视频语言的传播效果；多维符号组合的表达力；影像语言的纪实性；影像纪实中的虚拟环境；拟态环境与涵化理论；影像谎言与错误再现；传媒产品的互文本性；传媒对媒介符号的操控性；受众媒介接受的多重境界；电影媒介的品性与功能；电视媒介的特殊意义和品性。

课程思政的切入点：以我国主流文化题材的影视剧作品为切入点，以分析传媒作品的特征为显性知识阐述，以传媒作品的主题渲染，如爱国、优秀共产党员、扶贫第一书记先进事迹等作为隐性思政元素的渗入与引导。

第八章，互联网时代与素养。互联网打破隔离贯穿一切、黏合碎片聚合融汇的聚变力量；互联网时代的颠覆与再构力；互联网媒介的品性与功能；互联网意识与互联网思维；互联网的“超媒介”性的连接能力；互联网媒介的功能与商业模式；数字网络传媒的社会生态；数字网络讯息的传播特性与舆情分析；六度分隔与三度影响力理论；移动终端的互联网媒介特征；传媒科技的加持与数字网络内容营销机制。

课程思政的切入点：以解构互联网的“连接”和“分享”属性作为切入点，介绍“新型主流媒体”在舆论场的主导地位，隐性渗入 2021 年全国“两会”和国家“十四五”规划的主要内容，以“献给每一个人”的互联网初心和互联网精神等主流价值观纠正网络消极文化等，使学生心悦诚服地自觉构筑媒介底线。

第九章，媒介技术互动与报复。技术的本质；媒介技术与人格主体；媒介技术激活了人的主体性；技术进步推进人类文明的意义；媒介技术的可供性理论；网络“恶搞”现象解构；理解并驾驭媒介最新技术的媒介研究方法；传媒技术作用与反作用机制；“墨菲法则”的内容及意义；技术的“报复”即负面效应的四种典型现象；媒体暴力及真实和虚拟两种暴力形式；互联网“根服务器”与 ICANN 管理；网络信息与国家安全。

课程思政的切入点：以全球互联网根服务器的分布及管理等问题切入，基于网络信息危及国家安全视角，唤醒学生的网络安全意识。通过“墨菲法则”加强对传媒技术负效能的批判，研讨如何成为网络强国。

第十章，媒介法规与政策管理。传媒的意识形态化和法律规制；法律、法规和规章的界定；法律的国界与网络犯罪的无界；隐私权与立法；我国传媒的法律法规与政策规制；媒介审判与法律审判；法律规制的法治与媒介素养的文治；马克思和恩格斯的“精神交往论”；塔尔德的“社会模仿论”；当代媒介伦理中的自主性、无害、仁义、公正性四项价值取向原则；媒介底线与道德良知等。

课程思政的切入点：以传媒的意识形态化这一知识点切入，基于学理逻辑旗帜鲜明地阐释我国新型主流媒体机构作为党和政府政策发布与宣传的主战场、主阵地，其不可撼动的政治地位和重要作用，通过传媒法律法规的法治和媒介道德伦理的文治使学生树立法律意识，构建良知底线。

第三，媒介素养怎么教？从形式上，“媒介素养”好像仅仅是一门课程，但实际上其作用正如有学生所言：“其实事情都是举一反三的，媒介素养课像是一个人生导师。”所以我们这里一直将其视为媒介教育。传媒科技在突飞猛进，自媒介的兴起、社交平台的浸透、新旧媒介的融合、全媒介的整合运用，一切都使传媒机构、传播内容及传媒受众之间的关系多元交互，人们沉浸在泛媒介环境下，媒体深度介入生活已不可逆转，新时代凸显媒介素养教育的意义。正如课后学生的反馈：“在学习了媒介素养这门课程后，我们发现对于生活中各种纷杂信息的来源和可信度有了甄别的意识和能力，我们不再盲目地跟随媒体的节奏走，而是依据媒介素养刻度表进行独立自主的思考，提出合理的疑问并反推在传播内容背后的议程设置。”

关注点一：媒介素养教育的目的。作为通识性主课，针对新闻传播学类所有专业的学生，旨在讲授传媒本体属性、媒介语言与现实、受众认知结构与个体差异等知识，针对既作为受者又作为传者的专业媒体人提升其媒介知识学养和人文素质。教学的目的是输氧（养）与赋能，使学生通过深谙传媒属性，洞察现代传媒受众，学习如何在传媒与信息的海洋里游刃有余，出入自如，驾轻就熟。提高对媒介内容的审美意识、甄别意识和自律意识；理解传媒产业运作规律，在正确的政治导向和人文价值取向下，充分利用现代传媒科技，科学认识和解读媒介信息，有效创制传媒产品，提高我国传媒产业的社会效益和经济效益。

关注点二：媒介素养教育的立德树人目标。通过解构媒介原理和论证媒介学理的知性教育，渗透爱党、爱国、爱社会主义、爱人民、爱集体的思想元素。教师应立足于政治站位和家国情怀，将政治话语、学术话语、媒介话语和生活话语进行融通和转化，以提升人生境界，力求从知识学养、文化底蕴、道德伦理修养及法制底线意识等方面，培养有责任、有担当的专业媒体人。立德树人虽然是一个长期的任务，不可能一蹴而就，但是并非难以见效。学生在大作业中写道："老师在课上一直强调当代媒介素养与'四个意识'，即政治意识、大局意识、核心意识、看齐意识。作为一名媒体人，要拥有辨析媒介讯息的能力、使用媒介平台的能力和洞悉受众需求的能力，不断锻炼自己的批判性思维。"这说明对思政内容，学生是用了心、记得住的。

关注点三：媒介素养教育的方法论。

（1）学理与思政交融，通过知识逻辑使学生内化于心。通过认知逻辑和案例举证使学生心悦诚服。比如，当代媒介素养的三个阶段和十个层次，就可以帮助学生自我认知和判断自身的媒介素养水平，从中比较人与人之间的媒介素养高低之分，如表 2–5 所示。

表 2–5 当代媒介素养的三个阶段和十个层次

序号	1	2	3	4	5	6	7	8	9	10
层次	基础知识	学习语言	学会叙述	开始质疑	拓展媒介	内涵发展	经验探索	批判鉴赏	个性表达	社会责任感
阶段	低级层次 自发（孩童时期）			中级层次 从感性走向理性 （多数人止于此阶段）			高级层次 理性与自觉（培养目标）			

通过学理逻辑内化学生，同时配以时效性强的案例及分析使学生入心，领悟到当代媒介素养的最高端——“社会责任感”并非外因强加，而是其心理成长成熟的必然结果，以此贴合学生的求知欲和感知体验，进而引领学生进入一个理性价值判断的自律状态，自觉判断事态，确定自己的政治站位，以此遵循认知“走心”的教育规律，实现立德树人。

（2）经典理论与时代创新内容相结合，以硬核逻辑构筑媒介元素的关键理念。基于媒介本体视角阐释其经典理论并进行时代性的创新。比如，囿于媒介呈现或媒介现实的相对性，真实性如一个滑块，总是游离在绝对真实与虚构之间，如图 2–6 所示。

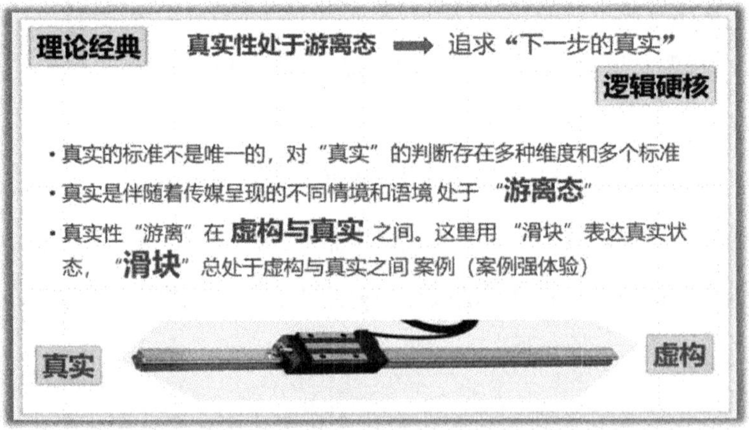

图 2–6 “真实性”犹如滑块总是游离在绝对真实与虚构之间

我们的目标是追求“下一步的真实”，此理论正解了学生很多困惑，帮助他们能够真正理解什么是“大局意识”等“四个意识”，使学生既掌握经典理论，也了解国内外研究的先进成果。

如此，以学生容易信服的学理逻辑强化学生关于新闻讯息要求真实性的科学意识和实事求是精神，这是新闻媒体人要坚守的专业底线。文科知识的日常化和软脉络常常难以抓住学生，媒介素养教育就要在内容构思和系统性组织上力求新颖独到，使学生听来话语鲜活讯息过瘾。比如，关于“网络信息安全”，通过教材《当代媒介素养十讲》上的“国际视野”版块详细介绍“根服务器”与ICANN（国际互联网名称与数字地址分配机构ICANN，The Internet Corporation for Assigned Names and Numbers），揭示了全球互联网共13台根服务器，其中10台在美国、2台在欧洲的荷兰和瑞典、1台在日本等事实，以及国际社会对根服务器的管理存在异议等问题，在如此硬核的内容逻辑下强化学生的网络风险和国家安全概念。从目前看，这些内容是其他课程未曾涉及的。当代媒介素养“对于媒介主体而言，是一部媒介生存的‘警世通言’，对于广大受众，又是一部应对媒介的‘醒世恒言’，可以说是一部具有忧患意识和人文情怀的传播学优秀专著”（摘自韬奋基金会理事长聂震宁对《当代媒介素养十讲》的书评，笔者注）。

（3）媒介素养教育内容要切合所在高校专业的办学定位。当代大学生对于高校课堂的兴趣和认可程度是教务处和授课教师事先不太乐观的，解决问题的关键还在于专业教师的课堂教学内容设计。如今，“密接”已经成为一个最容易引起人们关注的概念。“密接语境”就是学生所在高校、所在院系、所在专业的办学定位、教学条件、就业环境及大学生社团第二课堂的日常活动环境和状态等，这些都可能成为大学生感兴趣的学习元素。比如，笔者所在的北京印刷学院，其办学定位于“有特色高水平的出版传媒大学”。针对新闻传播学类各专业的大学生，集纳学校的学科文化，力求挖掘书、报、刊在纸媒印刷时代赋予人类的理性精神，传承印刷文明，这类话题能使印刷学院的毕业生有一种学缘上的自豪感，同时能够提供就业帮助，引发学生的高度关注，教师便从中挖掘知识点，如图 2–7 所示。

图 2–7　印刷文字时代造就了人类的理性文明

同时，还可以结合建党早期党报和党刊的重要作用，传播优秀的红色媒介文化基因，将“媒介素养教育课堂 + 校园氛围 + 社团活动 + 专业定位”等结合起来，使大学生“开脑洞”，进入听课—学习—思考—生活状态，以实现该门课程的教育和教学目标。

（4）媒介素养教育要着力于开掘文化与创新。只有文化的启蒙才能在有限的教学内容中使学生产生无限的思考，以领悟文化，启迪思想。先进文化的创新源于理念的升维和思想的创新。媒介素养要强化学生两个关键能力：讯息辨别能力和媒介使用能力。其前提是激发学生的兴趣并激活他们的思维。面对作为互联网“原住民”的当代大学生，新颖且先进的文化气息是获得教学效果的有效渲染，故此教学应着力在传媒文化上的创新。比如，人们知晓互联网思维，但不一定了解互联网的初衷。课程教师沿着互联网的根向属性进一步挖掘，将万维网“3W”（World Wide Web）的创始者，英国物理学家蒂姆·伯纳斯·李在创建了超文本浏览器及相关协议后，放弃了专利申请，将自己的创造无偿贡献于人类这一感人举动，作为互联网意识和互联网精神的溯源，解析和弘扬“This is for everyone”——“献给每一个人”的共享与奉献精神，如图 2–8 所示。

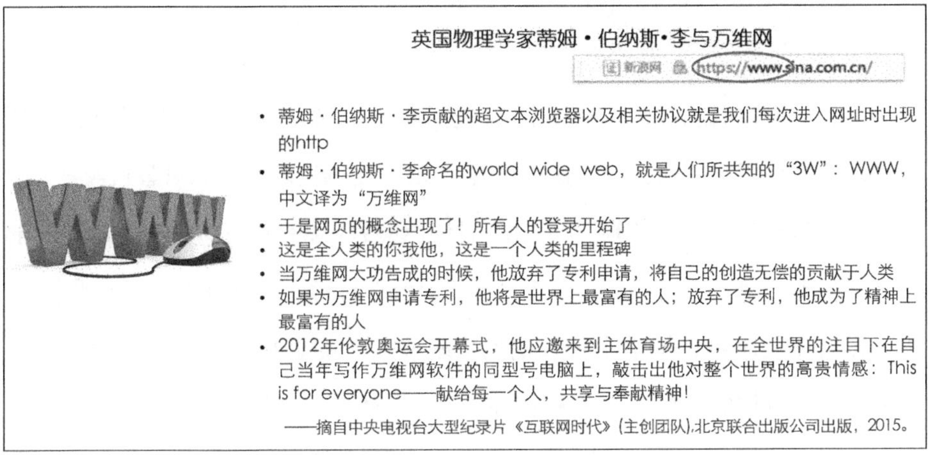

图 2–8 蒂姆·伯纳斯·李将万维网献给了每一个人

如果为万维网申请专利，蒂姆·伯纳斯·李可能是世界上最富有的人；放弃了专利，他却成为精神上最富有的人。这种源于人性与价值观的先进文化，不会因为时间的久远而失色。

即使在传媒的技术环节，“媒介素养”课程仍然可以通过文化创新达到启迪思想、正向育人的目的。文化的先进性会通过一个开放的认知模式和教学展示体现出来，如请学生思考并回答“技术想要什么”这一问题时，教师首先根据互联网根服务器的知识内容，着力引导学生探寻“根”这一对象的本质和属性，列示出一系列“根”与产品生态的关系：

◆ 万维网 13 台“根服务器”是互联网的“根”

◆ 以太坊的 ERC20 协议是很多加密货币的“根”

◆ Android 系统是安卓手机的“根”

◆ OIS 系统是苹果手机的“根”

- 微软 windows 操作系统是装有微软系统的个人计算机的“根”
- ARM 架构是全球计算机芯片行业的“根”
- Linux 开源体系是很多软件服务的“根”
- Raspberry Pi 是各类硬件系统的“根”
- Wordpress 是很多个人网站的“根”

再由“根”概念探析“根技术”，进而联系到现实世界中“芯片”的“根”意义，然后抽绎出“根文化”这一概念:“根”是创世之源，无可替代。

什么是现代社会的“根”？“根”是社会最底层的基石，是文明运转的轴承，是驱动引擎。各行业的每一个“根”，无不对行业影响巨大。

最后拓展思维，把学生带入挖掘“根文化”的思想性这一认知境界：升华——寻求事物的“根”，“把根留住”，不忘初心，守住本心，守望未来，推动事物保持本色、健康发展，而决然不是技术环境下的失控。于此，结合现实的网络媒体语境，充分开掘学生的思想力，正如学生课后的反馈所言:“课堂中老师能够进行的讲解是有限的，可带给我们的思考是无限的。”

（5）贯穿始终的学理叙事与案例渲染，以构筑牢固的“底线意识”。当代媒介素养的课堂内容是基于传媒本体理论并以学理叙事，如媒介素养的三大基石、刻度表、媒介属性、功能与话语权、媒介语言符号及构连和再现理论等，并结合应景入时的强效案例，启发学生在有感于传媒乱象的同时，开始理性反思或质疑论证，形成一种逻辑演进式的学理渐入，通过硬核知识内化于心；再通过媒介细分，如报刊、电视电影和互联网媒介大纲，历时性分析解构各类媒介的品性与品牌，使学生见证媒介理论是如何落地的，同时弘扬和传承优秀传媒文化；最后基于传媒技术的“双刃剑”性能和传媒意识形态化规律，如共时性阐释对传媒领域“文治”和“法治”的迫切性与重要性，提高媒介素养首先要构建“底线意识”。于此，对当代媒介素养整个教学内容体系既做到了逻辑的前后贯通，又反反复复强化通识性的认知理念，天人合一，如图 2–9 所示。

图 2–9　筑牢认知逻辑与思政元素天人合一的底线意识

因此，伴随着课堂教学内容的课时推进，在“渐进式 + 复盘式”的教学方式交替中，教师的学理讲授、案例渲染及学生的感性体验之交融，自然而渐渐地构筑起大学生做人和做媒体的底线。

（6）批判性思维方法是提升大学生当代媒介素养的核心工具。教师在课堂上经常运用批判性思维方法，可以养成大学生的思维模式。面对经常使用却不能轻信的一些社交媒体平台，提高大学生对传媒讯息的辨别与判断能力是媒介素养教育的主要目标之一。批判性思考直接提升当代大学生的思维品质和精神气质。

二、“编辑出版学”专业的培养目标与思政目标

高等教育不能产业化，更不能商业化，高校为社会、市场、用人岗位输送人才的高等教育责任和使命不容置疑。高等院校输送的是“人才”，而不是“人数”。如前所叙，本科教育培养的是专业人才，而合格的“专业人才”标

准从何而来？最基本的目标就是满足用人单位的需求。故是否了解用人单位对本科专业人才的需求，成为高等院校办学与构建专业教学体系的依据。教育部于2018年颁布的《普通高等学校本科专业类教学质量国家标准》对新闻传播学类的各个专业都制定了明确的培养规格，但这是一个基本的、合格性的办学“门槛”。要从根本上提高大学生的就业质量，真正满足并超前预设培养目标，必须结合社会行业的动态发展变化。限于篇幅和笔者关注点，本书仅针对新闻传播学类专业中的“编辑出版学”“新闻学”和“广告学”，聚焦分析这三个专业的目标市场与人才需求、知识与能力结构和价值观等问题，同时探析这三个专业在学生培养过程中的思政目标。根据2022年6月18日多家媒体同时发布的“2022软科中国大学专业排名”，我们以排列在“新闻传播学类A+”榜单第一名的专业学科院校相关数据为例，探讨其专业培养目标和思政目标。

（一）“编辑出版学”专业的目标市场与人才需求

1.“编辑出版学”专业的目标市场

在2022年全国29所招生的“编辑出版学”本科专业院校中，“新闻传播学类A+专业”在“2022软科中国大学专业排名”第一位的是武汉大学。根据武汉大学招生网站的相关信息，其“编辑出版学”专业的目标市场，即专业规划中毕业生的就业领域或用人单位，主要在出版行政部门、出版社、杂志社、报社、图书发行部门、图书对外贸易部门、音像公司、电子出版机构、编辑出版科研与教学单位从事编辑、出版、发行等实务性工作与管理工作（包括电子与网络编辑、出版、发行业务与管理工作），以及教学与科研工作。为了表述方便，我们不妨将学生的专业性就业机构及工作统称为“用人岗位”。

根据北京印刷学院招生网站上的相关信息，“编辑出版学”专业的培养目标是:“培养具有高度的政治使命意识和文化担当精神，系统掌握出版学、编辑学、传播学、数字媒介技术等编辑出版学专业基本知识，具备出版内容的编辑加工和创意表达能力、出版产品的媒介策划和传播运营能力，可以在出版传媒及相关行业从事内容产品的策划、表达、发布、运营和管理的复合应用型专门人才。”

无论是对用人岗位的列举，还是对专业培养目标的表述，上述两所学校围绕的核心问题都是面向目标市场，本科人才的“专业性”知识和能力应该有哪些？这是高等院校办学与专业教学的关键。考察用人岗位对“编辑出版学”本科专业到底有哪些需求，既要有现在时的思考，也应该有对将来时的预设，二者必须结合审视。

2.“编辑出版学”专业的人才需求

改革开放以来，政策搭台使我国出版领域的改革成果显著。早期的数字化转型激活了传统出版业的全产业链；融合出版不仅吸纳了数字阅读新用户，还延续了传统阅读老读者；知识服务为传统出版社的品牌迭代提供了新型内容产品和市场商机。但是，就目前多数出版机构而言，纸书积压难销库存，数字出版盈利艰难；机构经营效益式微，编辑收入相对偏低；老编辑的数字化技能缺乏，新编辑的基本功薄弱；技术外包等虽在短期内能完成工作，但就出版社自身而言，难以产生社会效益和长期效应。我国要从出版大国走向出版强国，还有一段较长的路。

融合出版是在全媒体出版背景下，立足传统出版，发挥内容优势，运用当代传媒科技走向网生性的数字出版，形成从组织架构、传播技术到编辑及发行销售管理机制等不同于传统出版的新模式。融合出版具有全媒体在线编辑出版和在线服务两个特征。在传媒科技生产力的驱动下，融合出版这一生产方式新业态需要新型的编辑出版学专业人才，“新型”体现在培养目标和知识与能力结构方面。

（二）“编辑出版学”专业人才的培养目标和知识与能力结构

融合出版新业态需要高校的专业培养与行业发展同步适配并具有前瞻性。在党中央媒体融合战略和传媒技术市场竞争双轮驱动下，传统出版产业的编—印—发式传统单向流程被颠覆，逐渐推向数字市场。融合出版的新业态与传统出版业态的差别显而易见，现代出版业界需要掌握融媒体技术应用与全媒介整合的编辑与出版学高质量人才。但是，高校本科专业教育是一个相对稳定的教学体系，尽管学校教务部门每年都给予各个专业修改培养方案的机会和时间，但多数专业仅就教师及其他教学资源方面的变化予以一定的调整，及时跟进科技发展和行业需求的适配性调整还为数不多，高校师生对专业和课程内容与行业市场发展差异的认知还远未达到应有的程度，尤其是针对变速较快的新闻传播学类的专业而言。

不能让高校培养的编辑出版学专业人才走出校门后还需要数字化转型，这是一个最基本的培养目标。根据笔者对几十家出版机构在不同场景的调研发现，新时代的融合出版新业态需求的是复合型高级专业人才，在对比了融合出版与传统出版在本科专业人才培养目标上的差异后，明显离析出市场短缺人才的两个主要特征。

（1）全媒体技术应用复合型人才，即掌握融合出版全媒体技术的应用，通过创建高质量出版平台及自媒体等，实施多元立体矩阵化出版传播的编辑出版学复合型高级专业人才，如表 2–6 所示。

表 2-6　编辑出版学复合型专业人才与传统出版人才培养目标对比

复合型高级专业人才	传统出版专业人才
具有“政治站位 + 新媒体技术”应用能力	具有传统的编辑与审稿能力
能够独立完成融合出版平台编辑出版业务	融合出版平台技术业务外包或由他人完成
优势于掌握一定技术可创制多媒出版内容	优势于文字稿的编审能力
价值在于全媒符号编辑与融媒整合出版	价值在于文稿质量与最低差错率
知识与能力结构 以“内容符号创意 + 品牌传播服务”为核心	知识与能力结构 以传统专业出版为核心
对出版机构的贡献是创建出版品牌价值	对出版机构的贡献是个人码洋
核心词：政治；技术；自媒体运营；全符号创制	核心词：专业；出版；文稿；名人；码洋

当代融合出版人才的培养目标是具备政治家素养、文化人情怀，熟练运用全媒体技术，能够独立完成融合出版平台编辑出版业务的全才型出版人，是“技术 + 思想 + 表达”全媒介复合型融合出版高质量专业人才。

（2）统帅出版产品团队的复合型高端领军人才，即作为组织和掌控融合出版生产全程的首席编辑或产品经理、项目经理等。融合出版生产方式需要从出版产品的孕育问世到销售阅读服务全程的主导者，作为编辑出版学专业的高端人才，其培养目标是高质量出版产品的把关人和监管者。他们对融合出版全产业链具有指导和指挥权，是融合出版编辑团队的领军人物，是出版产品质量的把关人，是运营全媒介出版产品传播矩阵的主导者，是出版产品版权保护的直接责任人，是客户服务与反馈的监督者，是协调各类出版资源的组织者，如表 2-7 所示。

表 2–7 编辑出版学复合型专业人才与高端领军人才培养目标的对比

复合型高级专业人才	复合型高端领军人才
具有“政治站位＋新媒体技术”应用能力	具有“政治站位＋新媒体技术”应用能力
能够独立完成融合出版平台编辑出版业务	统筹出版资源并领导平台（产品）团队
优势于掌握一定技术，可创制多媒出版内容	优势于卓越的组织能力和个人全才
定位于个人的全媒编辑出版和自媒体运营能力	定位于首席编辑或产品经理
知能结构以内容符号创意＋品牌传播服务为核心	职责以组织平台团队创建出版品牌为核心
业绩靠个人的市场效益	业绩靠带领的平台（产品）团队
对出版机构的贡献是创建出版品牌	对出版机构的贡献是做大做强出版品牌
核心词：政治；技术；自媒体运营；全符号创制	核心词：政治；技术；团队、全媒体；领军

在目前全国 29 所院校招生的“编辑出版学”本科中，设置专业较早、招生人数较多的院校专业，可以通过入学后的再选择，以办“卓越实验班”或“韬奋实验班”等形式，将“编辑出版学”专业分为两个方向：一部分为普通班——培养复合型高级专业人才；另一部分为卓越或韬奋等实验班——培养复合型高端领军人才，即首席编辑或产品经理（通过入学后再考核选拔出有一定组织和管理素质者）。以此实现与用人单位的岗位对接，向社会和行业输送基础性强的新型编辑出版学专业人才，新型人才的培养需要在知识与能力结构上进行重新配置。

关注点一：复合型编辑出版高级人才的知识图谱。

思维构成：从单向形式逻辑转为人文价值取向性的“批判性思维＋法律意

识”等。

史学基础：“四史”＋传媒史＋艺术史＋自然科学史＋中外文学史等。

知识模块：政治学常识＋文化学前沿＋出版传媒技术应用＋全媒体编辑知识＋整合营销传播知识等。其中出版融合技术应用：掌握 Pr、AE、Ps、Au 等软件，掌握 VR、AR、MR、全息投影、大数据等技术，如前文所述。

关注点二：复合型编辑出版高级人才的能力结构。融合出版为出版产品赋予了网生性，其在线动态和复杂性对比传统出版形态已经发生了质的变化，要求人力资源具备更高更多元化的能力构成，包括政治立场判断能力、文化价值导向能力、数字网络技术应用能力、融媒体出版平台运营能力、自媒体创建与创新能力、媒介多元立体矩阵化整合传播能力、用户品牌服务能力和“四力”（脚力、眼力、脑力、笔力）、融合出版团队的组织能力、整合内外部资源的协调能力等。

关注点三：复合型编辑出版高端领军人才的知识与能力特征。具有正确的政治站位和人格魅力；具备社会学、政治学、管理学与系统论的知识基础；具备当代传媒科技应用的技术能力（数字化技术能力）；具备全媒体舆情洞察能力；在政治方向和业务质量上的把关能力；领军出版产品或项目团队有效提高社会效益和经济效益的组织和管理能力。

关注点四：复合型编辑出版高端领军人才的媒介素养。要具备强烈的媒体人使命感与责任担当：明辨是非曲直，具有正确的政治站位和文化价值取向，是出版思想的启蒙者；先进内容的开掘者；学习新媒体技术的带头人，是既具备危机意识又追求卓越绩效的团队领军者。

（三）“编辑出版学”专业人才的价值观与思政目标

出版强则文化强。要在 2035 年实现文化强国这一战略目标，出版业是主力军和主战场。“编辑出版学”专业人才的价值观直接影响出版产品的质量，故在高校的专业教学环节，施教者应该具有明确的思政目标。

1.“编辑出版学”专业人才的价值观

具备科学与人文和谐统一的“三观”基础；将意识形态和政治站位作为把关出版产品的首要且必要条件（政治观）；要使科技观与文化观有机结合，即“编辑出版学”专业人才的价值观是由以“三观”为基础的“政治观”“科技观”和“文化观”构成的。

2.“编辑出版学”专业教育的思政目标

没有高端人才，就没有高质量的高端产品。培养我国当代优秀的出版人首先要有明确的思政目标，即坚定中国特色社会主义的道路自信、理论自信、制度自信、文化自信，具备新时代新型出版人的新责任、新使命和新担当。

思政目标一：增强“四个坚持”与政治判断力。“四个坚持”是党的十八届三中全会对我国35年改革开放成功实践进行的科学总结；“四个坚持”是分别从党的领导、思想路线、实践主体和科学方法四个方面概括的重要经验。因此，“四个坚持”是出版人当熟悉并持守的立场和原则，其具体内容如下。

第一，党的领导。即坚持党的领导，贯彻党的基本路线，不走封闭僵化的老路，不走改旗易帜的邪路，坚定走中国特色社会主义道路，始终确保改革正确方向。

第二，思想路线。即坚持解放思想、实事求是、与时俱进、求真务实，一切从实际出发，总结国内成功做法，借鉴国外有益经验，勇于推进理论和实践创新。

第三，实践主体。即坚持以人为本，尊重人民主体地位，发挥群众首创精神，紧紧依靠人民推动改革，促进人的全面发展。

第四，科学方法。即坚持正确处理改革发展稳定关系，胆子要大、步子要稳，加强顶层设计和摸着石头过河相结合，整体推进和重点突破相促进，提高改革决策科学性，广泛凝聚共识，形成改革合力。

培养新时代的新型专业出版人，首先要求具有坚守正确的政治立场，确保出版产品的大方向。目前我国出版主流媒体亟待拥有一批政治过硬、技术高强、自觉出版优质内容的领军人物，这是在 2035 年建成文化强国的第一资源保障。

思政目标二：讲好中国故事传承优秀文化。讲好中国故事，是新时代出版人义不容辞的责任与使命。首先要求编辑出版专业人才熟悉“四史”，从中国的社会性质到政治制度、经济制度和人民权益，以历史观照现实，从中既要传承优秀的历史文化，又要集纳先进的时代文化气息。比如，长征中的中央红军湘江之战，红军在血战后从 8.6 万人锐减到 3 万人，其英勇顽强的战斗精神至今仍被当地老百姓传颂。湘江之战被称为中央红军长征以来最惨烈的一仗，红军付出了巨大代价。红 34 师在长征途中作为后卫部队，掩护中央红军突破重围，最终全师几乎全军覆没。湘江之战后在当地百姓中流传着“三年不饮湘江水，十年不食湘江鱼”的敬语。

不容置疑，中国革命历史长河中的红色文化尽管已经久远，但留给后人们的心灵震撼和精神遗产在今天依然熠熠生辉。无论是当年的红军长征，还是抗美援朝战争，以及今天的改革开放步入新时代，其蕴含的中国故事、中国精神和中国价值足以撼动一代又一代的专业新人。这里，有多少感人故事等着我们写好、拍好、讲好！

三、“新闻学”专业的培养目标与思政目标

（一）“新闻学”专业的目标市场与人才需求

在2022年全国166所院校招生的“新闻学”本科专业中，排在2022“软科中国大学专业排名”第一位的是中国人民大学。根据中国人民大学招生网站相关信息，其“新闻学”专业的目标市场，即专业规划中的用人岗位和相关去向主要是面向新闻媒体，不仅有传统的主流大报，而且随着互联网的发展及建设新兴媒体的趋势，更多的新闻学专业学生进入新媒体工作。当然，也有一些同学通过“国考”进入政府机关的宣传部门，或者通过招聘考试等筛选，进入心仪已久的企业从事信息传播等工作。

根据北京印刷学院招生网站上的相关信息，其“新闻学”专业已毕业学生的就业去向主要涉及三大类：一是新闻传媒行业，如新华社、中央广播电视总台、人民网、光明网等重点新闻机构；二是互联网机构，如抖音、一点资讯、今日头条、趣头条等资讯类企业；三是各地各级政府部门的宣传部、事业单位、国企的宣传公关部门。工作内容涵盖新闻采编、媒体公关、文化宣传、音视频内容采编制作。

无论人类社会及制度如何发展变迁，“新闻”永远是人们生存与生活中的一种刚需。报纸作为“新闻纸”是人类历史进程中第一种专业性的传播媒介；但是伴随传媒科技的发展，作为传播媒介物质载体的“纸”正在被数字网络平台中的电子媒介所取代，人们可以没有“纸”，但不能没有“报”。新时代传播媒介的数字化、网络化、移动化、终端化及自媒体化，使全民消费的新闻被资讯化，而资讯在平台化、平台在社交化、社交在商业化、商业在内容化，在大千世界芸芸众生瞬息万变的内容中，尤以新闻最有可能成为“爆雷”内容。

问题在于：作为新闻媒介“鼻祖”的报纸，今后还能生存吗？面对全球报

刊机构纷纷停印纸媒的行业现状，需要我们以学科知识和学术视角科学研究和预测这一实践问题。

当我们不需要“纸”了还需要“报”吗？“纸”是一种媒介载具，“报”是一种信息形态。尽管当今数字媒体普及天下，我们不一定非要用“纸”，但我们永远需要“报”。报纸可以隐退，但新闻的深度报道价值久远；尽管当下泛媒介泛讯息已经侵袭了人们的生活，但优质的新闻内容永远刚需；传媒越迭代，“报”的品性就越弥足珍贵。于此，我们今天必须立足于“报”的学术内涵与实践意义，办好本科“新闻学”专业。

1.“新闻学”专业的目标市场

新闻人就是手执“牛耳”的“报人”，即现在的专业新闻媒体人，目标市场显而易见，其隐性市场更为深广。全媒介泛传播中的“头条”们，多以各种内容的新闻打榜以赚取眼球博得流量。在此意义上，专业新闻人的用人岗位不仅包括专业性新闻媒体和企事业单位，还面向全社会各种类型和多样态的传媒机构。

2.“新闻学”专业的人才需求

“新闻学”与“编辑出版学”专业人才需求的研究方法有所不同，“编辑出版学”专业人才的需求是以用人岗位对专业高级人才的知识与能力结构要求为研究对象，进而分析出版业需求哪类人才，并以此为依据修订本科教学体系。而新闻学专业人才市场的宽广性毋庸置疑。我们认为，新闻学专业不应该仅仅局限在“专业新闻机构”里探寻人才类型的需求，而更应该从社会面上看更广域的“新闻资讯”自身映射出来的人才需求问题，即不是以用人岗位对新闻学专业人才要求的知识与能力结构看需求，而是通过新闻人生产的“新闻资讯”产品看效果，探寻新闻人自身在专业知识与能力上的薄弱或缺失要素。通过考证新闻人的“质”，有针对性地制定时代创新型的“新闻学”培养目标。

（二）“新闻学”专业人才的培养目标和知识与能力结构

新闻学专业如何定位？“新闻学”专业就是培养记者吗？这是高校设置专业和学生选报专业必须面对的问题。我们首先参考一下本科“新闻学专业全国A+”类排名第一位的中国人民大学在其网站上对新闻学专业的相关阐述：“新闻学这门专业培养学生的是一种对于信息处理的复合技能，这项技能因为在当今社会非常稀缺，因而掌握这项技能的人才自然不愁无用武之地。”关于“信息处理的复合技能”，这是“新闻学”本质层面的学理属性，从执业角度而言，其专业性指的是什么？“复合技能”都包括哪些？如何从专业培养目标和知能结构上体现出来？这些问题都有待于办学院校结合自身资源优势逐一进行学术思考和教学体系构建。

1.“新闻学”专业人才的培养目标

新时代的专业新闻人应该具有清醒的分辨和认知能力，善于发现社会生活中的新闻点并敏锐观察其动向。掌握新闻学基本理论与基本知识；熟练运用新闻采访、新闻写作、新闻编辑、新闻评论和新闻摄影等新闻实务的方法论；掌握一定的融媒体及当代传媒科技的最新应用技术；具有深入调查研究社会事件，并运用大数据等分析问题及洞悉民生的批判性思维能力；理解我国新闻工作的方针、政策和法规并能正确判断其新闻立场的新闻学专业的高级人才。

在新闻不断资讯化的今天，首先需要回归新闻初衷和本来面目，着力在本科专业的基础性上下功夫。比如，在新闻是什么、新闻的功能何在、制作新闻产品的原则有哪些等问题上，着力培养“新闻学”人才的专业观。“新闻可以让这个世界变得更透明、更具公平和正义，让这个世界变得更美好；新闻还可以让你变得更客观、包容、睿智，也会让你变得更加独立和充满勇气。在新闻学这里，你将学习一生都用得到的知识——如何更快、更准确地找到事实和有用的信息，把这种信息传播出去，影响到更多的人。”这段摘自中国人民大学网站，由新闻学院的专业教师以“影响和改变世界的力量——新闻学专业介绍”为题对“新闻”的诠释，间接回答了关于“信息处理的复合技能”所蕴含的新闻学专业的价值取向。

2.“新闻学”专业人才的知识与能力结构

时代变迁，数字网络传媒环境下需要新闻学专业人才具有政治素养、民生情怀和法治精神；拥有敏锐的观察力和洞察力，能够快速判断新闻价值，具有一定的新闻敏感；掌握当代传媒科技，熟练运用融媒体平台即时制作和发布新闻；及时了解和熟悉我国新闻生态现状与发展趋势，以及国外新闻领域的发展动态。

关注点一：新时代新闻的专业精神是什么？近年来，随着新闻“走偏”现象屡见不鲜，新闻的专业精神曾受到社会公众的质疑。为了抢首发，有记者不惜在患者被抢救阶段就提前发丧；为了抢独家，有记者全然无视个人隐私权而微服私探；为了抢眼球，有记者有意杜撰耸人听闻的假事件等。诚然，无论是抢“首发”、抢“独家”，还是抢“眼球”，这都是“新闻”自身理论的实践意义，至今依然不违背新闻学的学理价值。但是今天，在数字网络媒体主导下的全媒体传播中，仅具备这三点还远远不够，今天的新闻专业精神已经构成一个完整体系，要素之间彼此关联，其方法论意义显而易见。

新时代新闻的专业精神之一：要做“新闻”而不是“旧闻”。“新”体现在“首发”，而不是炒剩饭、炒冷饭；“新”还体现在“早发”和“快发”，时间上赶在同行的前面发布新闻稿。但是，不能为了抢速度而人为化超前定性新闻事件的内容或性质。

新时代新闻的专业精神之二：要做“真新闻”而不是“假新闻”。“真”体现在要报道的新闻事件是真实发生了，而不是杜撰或创意产生的；“真”还体现在新闻（镜头）呈现的符号内容在选框和取景上的原生性，拍摄新闻前不能进行人为布景和“摆拍”，更不能“导演”。如果深度新闻报道需要补充缺少的前期背景而采用了AR、VR、MR等技术工具，则需要叠加文字同框说明。另外，不能为了寻“真”，而窥探他人的隐私，侵犯公民的隐私权。

新时代新闻的专业精神之三：要做立足百姓关怀公众的“民生新闻”。近年来，“人民性”和以人为本等“为民”思想已经成为主流媒体贯彻执行党的群众路线和为人民服务的主旋律。关注民生热点，回应社会关切，也逻辑地成为我国新闻学本科教育专业性的表征。

新时代新闻的专业精神之四：要做有政策高度和原则尺度的“正能量新闻”。根据新闻学原理：一个单独的新闻事件可能同时兼具正面和负面的双向功能。如果新闻人对这一原理没有把牢，则很容易出现思虑不周、顾此失彼等残缺性新闻，引发公众舆论以至暴发舆情。近年来，一波又一波的舆情声浪此起彼伏，当然我们可以归罪于数字网络及自媒体传播的爆发力；但是在一定程度上，不能不反思包括主流媒体在内的一些专业媒体人发布的新闻内容，其自身缺少的条件要素、比较元素及后效跟踪等。

关注点二：当下的新闻产品缺失什么？当下，一些新闻自身缺少价值，或新闻的价值没有完全体现出来。不少新闻从内容到形式仅仅是告知、是宣传、是引导，将新闻受众置于“被新闻”的地位，缺少受众需求与新闻满足的讯息交互，或者说社会受众的讯息刚需并没有通过新闻得到相应的满足。于是在目前的全媒介环境下，他们当然会转向商业媒体平台或自媒体，寻找他们关心的信息及动态变化。要了解当下的新闻产品缺失了什么，首先要从学理上进行反思。

新闻的价值何在？

- 速度：何时的事
- 信度：是真的吗
- 温度：能打动人吗

- ◆ 角度：以什么视角
- ◆ 尺度：呈现出何种选框
- ◆ 高度：提供了哪种视野
- ◆ 态度：以什么立场
- ◆ 深度：含多少信息量

立足于当下的全媒介环境和中国国情，以新闻学基础知识和基本理论视角审视今天的新闻价值构成，应该包含速度、信度、温度、角度、尺度、高度、态度和深度这八个方面的要素，或简称“八度”要素。其中速度与信度，即新闻的及时性和新闻的真实性，是从传统到新时代的新闻学始终如一的新闻本质属性要素；而温度与角度、尺度与高度，则明显体现出新闻的时代特征。以上“八度”体现出媒体的站位、媒体的立场和媒体的逻辑等。

关注点三：新时代新闻人的知识素养与能力养成。新闻学的专业内核是在“三观”，尤其是在人文价值正确取向的基础上对新闻的选择与报道程式。新闻学是关于新闻事实、新闻叙事、新闻评论、独家新闻、新闻价值、新闻的真实性、新闻的客观性、新闻自由与责任、新新闻主义、比较新闻学和假新闻等专题的研究成果，以及数据新闻、人工智能新闻（机器人写稿）等新闻技术工具化发展效能一系列发展新闻学新知能构成的新闻传播学类中的第一个专业。新闻传播学学科建设应该首先廓清“新闻学”的本来面目，辨析在“新闻传播学类”学科概念中的“新闻”与“新闻学”本科专业中的“新闻”在内涵与外延上的逻辑关系及界域，回归新闻本义，再展开新闻报道的议题、新闻主题的定位、新闻报道基调、新闻信息元素的选择、新闻传播符号的排序与组合等，进而展开传媒机构的新闻立场和文本解读，使新闻逻辑专业化。

如前所述，对于行业市场的人才需求，我们更需要通过目前的“新闻”自身考察新闻人在实践中的认知盲区，进而通过教学环节有针对性地加强专业的导向性。“新闻学”本科专业教学培养的知识与能力体系的主要构成，如表 2–8 所示。

表 2–8 “新闻学”本科专业知识与能力体系的主要构成

培养模块	知识体系	能力体系	备注
专业基础	“四史” 新闻史学 当代媒介素养	新闻的采访能力 新闻的摄像能力 新闻的录制能力	未列示教育部规定的公共课
专业核心	新闻的本质特征 新闻传播的基本规律	新闻的洞察能力 新闻主题的策划能力 新闻稿的写作能力	
专业理论	诸多新闻理论（“经典＋现代”，这里略）	新闻稿的编辑能力 新闻述评能力	未列示教育部规定的公共课
专业实务	新闻的原则和方法 新闻活动的一般规律 新闻发言人制度	全媒体新闻技术应用能力 数据新闻的分析能力 图片新闻的制作能力 新闻媒体的管理能力	

“新闻学”本科专业教学培养的知识与能力体系的主要构成，是根据“新闻学”专业的学理逻辑，从新闻的首要功能——监视社会为专业设计的切入点，如《麦田里的守望者》。在面临“百年未有之大变局”和泛媒介泛传播的社会大环境下，“新闻学”专业的本科教学应该着力于培养以新闻洞察力为核心的 12 项专业能力。

新时代新闻人的知识素养与能力有一个需要“养成”的过程，而“养成”的前提是“准新闻人”在本科教育阶段汲取了基础丰润厚泽并专业理念领先的人文学科有机营养。这些“营养”主要分为三个部分：国内外时政要事的现实背景与史学鉴别、徐宝璜关于新闻本体学的初衷、国外新闻学构建与发展中的先进理念。

（1）国内外时政要事的现实背景与史学鉴别。新闻是一种关于国内外社会变迁和变革的体现。新闻从哪儿来？它依附于技术的发现而不等于技术的可供给性。真正的新闻来自人世间性，来源于人及所关联对象的某种价值。调查性新闻报道中都会隐含着是非曲直的道德标准。新闻教育者的任务就是明确这一理论，并公开地讨论它。讨论新闻的真正价值在什么地方，道德规范有没有被体现、有没有被忽视。新闻关乎社会公众利益，因此必然成为社会、政治和文化的一部分，新闻不能脱离社会、政治、文化而单独存在。当代新闻人是领航社会进步的守望者。在传媒科技变革、世界政坛变迁的大时代，新闻的多种变革都在为新闻媒体创造重音和混乱，同时也带来了重要的新闻契机。

（2）徐宝璜关于新闻本体学的初衷。在我国新闻教育史的研究中，徐宝璜被誉为我国“新闻学界最初开山祖”和“新闻教育界第一位大师”。徐宝璜指出：“新闻纸欲尽代表舆论之职，其编辑应默察国民多数对于各重要事之舆论，取其正当者，著书立说，代为发表之。言其所欲言而又不善言者，言其所欲言而又不敢言者，斯无愧矣。”他认为新闻媒体职务有六：“为供给新闻，代表舆论，创造舆论，灌输知识，提供道德，及振兴商业。而前三者，尤为重要。”[1]在他看来：报纸（即当时的传媒，笔者注）的舆论是根据新闻而来，新闻又以正确的事实为基础，因此新闻中的事实正确与否决定舆论的健全与否，报纸在提倡道德、开启民智方面具有重要的职责和作用。专业新闻人对国内外相关事件的新闻选择与报道，既体现社会制度秩序，又体现新闻记者专业素养，新闻人在了解和理解事件本真时才能为该事件找到一种话语方式和新闻阐释，同时释放传媒逻辑并表达新闻立场。“登载真正之新闻，以为阅者判断之根据”，

[1] 徐宝璜．老北大讲义：新闻学 [M]. 长春：时代文艺出版社，2009：6.

即将真实的事件“和盘托出”，让公众判断以形成舆论。新闻报道和舆论引导都是以“事实本位”为基础或前提的。在市场经济体制下，被投资的媒体及广告商等多元利益主体所控制的媒体已经不再是一个具有真正意义的媒体，在多元利益的取舍中，只有依据“事实本位”，才能维护新闻记者的职业尊严。徐宝璜新闻思想的初衷即新闻的铁律是“事实本位”，这就是新闻的首要原则。

（3）国外新闻学构建与发展中的先进理念。斯坦福大学的新闻学教授吴惠连在《北京21世纪新闻学教育峰会》上曾以《纽约时报》和《迈阿密先驱报》为例，说明“二战”时期媒体（当时主要的专业媒体就是报纸，笔者注）之间曾展开激烈竞争，新闻用纸实行了定量制度，但是报纸的业主们删去了所有广告，将仅有的纸张都来报道新闻而放弃了盈利。这一行为归升到专业理念上，他们所选择的是服务于公共或公众的信任（简称“公共信任”）。加利福尼亚州大学伯克利分校曾开设过一门名为“公共信任”的课程，专门研究私有媒体的公共信任问题。新闻人不是慈善家，他们的责任是社会的监督和守望者，所以他们选择以“公共信任”为重！以此构成媒体的品性，而支撑品性的是新闻人的人格。这些媒体仿佛作为社会发展进程中一个重要思想的培养皿，对社会公众在思想上的引导作用早已超越了时间、地点、人物、事件等新闻要素和事件本身，而成为社会众生所信任并期待的精神生活构成。这种传媒品性在公众即网民的数字网络泛媒体与自媒体新时代，将会是一种多么有效的“流量密码”已经不言而喻。无论是行政管理还是法律规制手段，抑或市场手段等，最后都会越来越让位于公众监督与体验，最终将由受众自身选择自己所信任的媒体，这就是新闻界关于“公共信任”理念的专业影响力，也是市场经济制度下传媒运营的规律之一。

新闻的灵魂是“公共信任”。早期办学的“新闻学”专业教师曾多次呼吁：“新闻的目标是服务于公共的信任”，“当四分之三的报纸的所有权结构已经和过去完全不同的时候，我们在努力重新向新闻领域灌输公共信任这个紧迫的概念。我们该向学生教些什么，才能使公共信任概念深深植根于他们心中——尽管将来他们的老板并不在乎这些。如果新闻学教育的目标要超越职业能力的范畴，也存在有关教学制度性基础的挑战。在中国如何发现并发展一个制度性的基础，以培育新闻的价值观，并通过培养这种价值观，而使中国新一代记者不是为了物质刺激，而是为了更重要的原因把自己的专业投入进去”。

当今，包括主流新闻机构在内的中国传媒业已被推向市场，公有制下的主流媒体与其他多种成分构成的民间媒体市场并行，哪个公信力更强，首先取决于“公众信任”及媒体消费体验等，新时代新环境的新闻人再不能使老百姓成“老不信”，公共信任就是公众信任、传媒受众的信任。

关注点四：当代“新闻学”本科专业教学实际面临着多重挑战，并非年轻的新闻学或传播学博士们拿着一本《新闻学》教材就能走上讲台的事情。“新闻学”专业教师们面对的大学生是分分钟都可能泡在传媒讯息海洋里的“知道者”，这些大学生的讯息消费能力，包括搜索能力、辨析能力、分类能力、归纳能力、反馈能力及最新传媒科技的应用能力等信息素养不断提高，这使站在讲台上的“新闻学”专业教师不一定比听课的大学生有更多的讯息，这是在“新闻学”技术层面的挑战。此外，新闻学的意义并不是新闻学知识本身，而是使“新闻学”专业的大学生认识到新闻宗旨与新闻目标的意义，进而将新闻作为一种生态方式，用专业新闻人艰苦的工作、勇气和独立提供的事实、信息和思想的方式，把公众引向更加和谐的认知环境和安详丰富的生活状态，这是在人文层面的挑战。还有，关于新闻真实性原则背后的“绝对真实”与“相对真实”问题，这里需要特别指正的是：新闻原则并不意味着“绝对真实高于一切”！一般的“隐私”都是真实的，但绝不可为了此类真实而去“猎奇”，以至于无视道德伦理和法律规章，这是在专业层面的挑战。

作为“新闻学”的专业教学，今天我们仍有必要对可能不知详情的新一代准新闻人，回望和讲授国际传媒界这个非常经典的案例：作为一家在英国最赚钱的报纸，世界传媒帝国新闻集团鲁珀特·默多克的《世界新闻报》教训惨痛而深刻。2011年，《世界新闻报》因为窃听事件引发世界新闻界骇然，伴随英国媒体不断曝出的该报雇员贿赂警察、窃听失踪女孩事件、窃听恐怖袭击受害者和阵亡英军士兵家属的语音信箱等讯息，英国公众愤怒了，巨大的社会反响后该报的多人因窃听丑闻而被捕，这张英国最畅销的报纸在历经了168年的辉煌之后，不得不落下帷幕。2011年7月11日，《世界新闻报》在其头版发出了——“我们迷失了方向”！这是所谓“绝对真实”而给世界传媒界留下的绝唱。在此语境下，我们提出“真实的相对性”原理，“相对真实”可能有更积极的意义。

根据媒介素养的基本知识，关于“真实”的标准不是唯一的，对“真实”的判断存在多种维度、多种特征和多个标准。“真实”伴随着传媒呈现的不同语境和情景，始终处于游离态，即真实性“游离”在虚构与真实（绝对真实，笔者注）之间。如果用“滑块”表达真实状态，“滑块”则总是处于虚构与绝对真实之间，并伴随事态的发展向左或向右滑动。故此，去追求新闻的一次性绝对真实是不太可能的，而新闻人的科学态度和目标是追求“下一步的真实”。通过传媒语言符号呈现的“新闻”看起来要类似于真实的存在，以引起传媒受众的共鸣。故多数情况下，新闻的真实性是相对的，专业新闻人追求的目标则是“下一步的真实”。

关注点五：数网全媒环境下更需要完善新闻发言人制度。新时代的显著特征就是“人人记者”“人人编辑”和人人拥有自媒体的话语权。数网全媒诸事云集，纷繁多样态，尤其是针对社会热点事件的传播物料是是非非，莫衷一是。包括政府主管机构在内的很多公共服务机构和商业机构都越来越需要有自己的声音申明立场，澄清是非。所以，无论是执政党和国家政府，还是企业和事业单位，以及任何一个具有独立法人资格的机构，都需要有自己的新闻发言人对外发声。可以说今天的新闻发言人制度比人类社会以往任何一个历史时期都显得更加重要和不可或缺。欣喜的是我国如上多数机构都可谓部门周全、人力资源健全，找出一位综合素质及口才较好的对外发言人似乎不难。在近年的社会实践中我们也确实看到了一些单位安排自己的宣传部门，或办公室或公关部来执行新闻发言人职责，有的机构在某时间段里安排了较稳定的人选，但有些机构人选不定，往往根据需要对外发布的新闻内容有针对性地选择发声者。以上不同做法的利与弊，相信专业教师都能够清晰辨别。作为新闻传播学学科下的本科新闻学专业，要培养出高端的新闻发言人，需要注意以下几个问题。

（1）新闻发言人当选自专业新闻人中的优秀者。这里本想表达的是新闻发言人一定是“新闻学”专业的科班出身，且在新闻理论和新闻实践方面有卓越成绩和一定经验者，但是囿于一些机构的人才条件目前还不能直接做到。总之，首先强调新闻发言人的专业性，其中蕴含的是“政治站位 + 知识与能力 + 科技工具”；其次还有要熟知新闻发布会内容的业务性；最后，哪怕是发布会前的最后一刻，也要足够了解相关事件的舆论与舆情，包括各方媒体的立场与态度，会前做好案头准备。

关于新闻发言人的培养，当然从硕士或博士研究生中选拔最好，但是如果就读硕士或博士时跨了专业，学生没有经历过“新闻学”本科阶段的基础性和专业性系统学习，很容易由于缺少专业硬核的内在支撑而影响以后的新闻执业，这是专业学养的内伤。故此我们提出，在目前全国 166 所招生“新闻学”的本科专业院校中，建议专业设置较早、招生人数较多的院校专业，可以通过入学后的双向再选择，将“新闻学”专业分为两个方向，一个方向为“新闻学”普通班；另一个方向为“卓越实验班”或直接称为“新闻发言人实验班”

等形式，专门培养新闻发言人，并鼓励他们继续升学深造，以货真价实的新闻学或传播学硕士或博士身份进入这一新闻高端人才领地。

（2）新闻发布的原则是“忠实说，迅速说，首先说”。新闻发言人的专业水准和执业效果直接影响到“新闻发言人制度”的公信力；新闻发言人对自身权利与责任的认知与把控直接关涉“新闻发言人制度”的质量。在当代“新闻学”本科专业教学中，针对未来新闻发言人这一角色的知识与能力培养，要绝对高于一般的新闻人。从学理上，新闻发布会是发布机构能否有效控制发布内容的关键场景。从形式上，是由新闻发言人直面回应媒体和公众提出的问题；从本质上，新闻发言人是作为新闻发布机构的全权代表，阐述发布方对发布内容的态度、立场和担当。发布会给予媒体及受众提问的机会和时间是有限的，但是新闻发布会后媒体和公众的反馈甚至发酵可能无限长尾，难以消失。故此，需要新闻发言人以专业性掌控舆情态势。新闻发布的原则应该是“忠实说，迅速说，首先说”，以此争取主动，告知为上，坦诚实锤，迅速沟通，满足新闻发布会现场和在若干直播平台终端的受众对发布信息的需求。

在数网全媒环境下，新闻发布会上能够提供的信息一般难以追上受众的反馈和舆论要求，要求当代新闻发言人制度进一步完善。如新闻发布会的“会”不止开在现场，同时还开在了线上；不仅需要新闻发言人的现场直白，同时还需要线上“副”发言人对网友问题的及时回应等。

（3）新闻发言人话语权与责任担当的对等性。明确界定新闻发言人的权益是完善当代新闻发言人制度的主要内容，否则将直接影响发言人在发布会会前对发布内容的考证与掌控，以及在发布会会后对全媒体舆情走势的监控，继而影响新闻发布会的直接效果；影响新闻发言人角色的公信力；影响新闻发布会制度的效用。故在教学上要解构“话语权”概念。

“话语权”是指人们能够将自己发现、阐释和创造的概念、思想或视角传播于社会，被他人接受和使用，并将其引导到特定思维层面上思考问题的能力与行为。“话语权”隐喻着“谁的风笛谁定调儿”。话语权的实质，是一个人在社会上能否维护其合法权益、能否获得做人之尊严的重要标志。

新闻话语权即将新闻体现为一种话语。新闻发言人的话语权即把新闻的话语权赋予其代言人，新闻发言人代表政府或机构向媒体或公众发布新闻，将直接影响舆论走向。在“责任担当”的制度下，新闻发言人的话语内容将直接影响新闻发布机构的社会公信力。

（三）“新闻学”专业人才的价值观与思政目标

1.“新闻学”本科人才的专业价值观

“新闻学”本科专业教育要重视培养“准新闻人”的专业价值观，这一过程不仅体现在学生入学时的专业教育内容里，还应该贯穿四年本科教育的始终，至少一个学期安排一次，直到学生毕业走向媒体岗位。专业价值观的教育内容伴随学生对“新闻学”专业和新闻的逐渐了解，其形式可转变为学生探讨或主讲等，使准新闻人逐渐认知新闻的社会意义和人文价值，构建牢固的新闻专业意识。

关注点一：新闻人首先要具有博大的情怀。新闻教育的目的并非狭义的实用主义，而是要培育有道德规范和正确的政治站位，能够使新闻延续人文精神和人本价值的新时代新闻人。徐宝璜讲到新闻编辑必须“有纯洁之精神，高尚之思想，远大之眼光”[1]。新闻是有意义的，不只是对事实的描述和呈现。当代新闻学教育的核心价值并非围绕新闻的技术工具，而应以人性教育为核心，包括人性的渲染和对人类文明的透析。在人文学科范畴下坚持新闻的“六度”，以促使自觉构建新闻价值观。

---

[1] 徐宝璜．老北大讲义：新闻学 [M]. 长春：时代文艺出版社，2009：7.

新闻教育的核心是使专业学生深谙新闻的灵魂，高屋建瓴，俯瞰并洞察社会百态，坚守新闻教育应有的人文价值取向，抵御商业逻辑或私域利益对新闻原则的侵蚀。鼓励新闻人有勇气在不影响社会稳定的前提下，提出具有建设性意义的报道对象和新闻主题，不断开掘新闻价值，实践新闻人的专业理想。

关注点二：新闻学的专业理念是真实报道。坚持马克思主义唯物观和立场，围绕事实的新闻报道和以事实为依据的舆论引导，都需要始终坚守“事实本位”这一新闻铁律。“什么是新闻”“新闻岗是做什么的”“新闻人应当是怎样的专业人”，这是“新闻学”本科专业首先要解答清晰的三个基本问题，也是属于新闻学本体的基础性问题，各门专业课都可能涉及，所以有机会反反复复与学生讨论。好的新闻就是给社会公众提供一个理解和反思新闻事件的解读框架，不仅要“跑”到新闻，还要“挖”出新闻。真实的东西自身就带有一定的客观力量！专业新闻人应该使新闻本身有足够的符号表达和沟通能力，点燃和承启社会发展和人类进步的文明火种。

关注点三：重视同理心和人性教养在新闻专业价值观中的核心地位。“新闻”自身带有公益属性，其客观与真实的本质奠定了新闻离不开民众、民生和民情。以关爱民生为目标，以社会福祉为焦点，新闻实践揭示了一种实用意义上的社会关系。斯坦福大学传播学教授泰德·格拉舍在一次新闻传播学论坛上指出：新闻学教育者们面临的最大挑战之一，就是如何将新闻学教育回归到人性教育。新闻写作并非一种技能写作，而是能唤醒我们对新闻内容的责任感。1908年美国密苏里大学成立了世界上第一个“新闻系”，其开设的课程近四分之三都是诸如政治学、心理学、社会学、文学、历史、经济学等这类人文学科或社会科学类课程，以使学生对人类世界有广泛的了解、理解和洞察，并从宏观社会走向微观心理。这些在今天依旧是我们设置新闻学专业核心课程的重要参考。由于“新闻学”专业的强实践性，高校“新闻学”教师既是校园教学的专业教师，也是引导学生新闻实践的执业导师。近年来的新冠肺炎疫情及千变万化的国内外时政动态要求高校新闻专业的师生共同认知与成长，通过不断学习和深入研讨走向新的成熟境界。

关注点四：当代科技观与工具理性的价值观。当代传媒科技在突飞猛进，新闻领域里的“长枪短炮”与VR、AR、MR等虚拟或虚实结合的交互使用，使今天的新闻似乎更加“清晰”“好看”“全景”。固然，在坚持“事实本位”的新闻原则下运用最新传媒科技呈现内容无可厚非，“准新闻人”需要掌握最新科技应用，但不能喧宾夺主。另外还需注意：作为数字网络的“原住族”，大学生的文字表达和文化功底与传统媒体时代的老报人有距离，新生代们使用文字的含糊性、数字的不准确性、符号的模糊性等在网络内容中比比皆是，需要在本科教学阶段打好实践技能和文化底蕴的基本功基础，这也属于“技术”层面的问题。新闻中的事实与数据准确性不容置疑，新闻中的关键元素如时间、地点、人物昵称等若出现数字不实或错字、漏字及重大信息的误报等差错，将会加重社会公众的质疑，甚至产生链式反应的严重后果，直接影响媒体公信力和诚信度。

此外还要同时强调，本科“新闻学”专业教育的核心仍然是培养学生挖掘新闻和讲述新闻故事的能力。传媒科技的运用只是新闻工具的进步，不一定等于新闻本身的进步，若过分强调传媒科技的华丽表象将会削弱新闻学的核心价值，降低新闻实务的社会意义，所谓“新闻学”专业的学生很可能只会成为网络内容的“搬运工”或“包装设计师”。

2. “新闻学”本科专业教育的思政目标

在我们社会主义国家，新闻人及媒体坚持新闻立场，就会关注党和国家政府的政策和公众民生，就会自律新闻职业行为，就会自觉遵守新闻原则和新闻专业精神，就会稳稳地站在道德、法律和社会伦理的底线上。而这些，恰恰是目前高校倡导的思政进课堂，在专业场景下的思政目标。

思政目标一：使学生从学理上认知和领悟“四个意识”。尽管“四个意识”是党中央对全体党员的要求，但非常契合专业新闻人的责任属性，尤其是在当前世界政治、经济、文化等都处于百年未有之大变局下，专业新闻人是否具备“四个意识”，将直接通过其新闻实践表现出来，思政目标中的“四个意识”与新闻的真实性报道原则逻辑自洽。囿于媒介呈现或媒介现实的相对性，真实性如一个滑块，总是游离在绝对真实与虚构之间，而好新闻的目标是“事实本位”并进一步追求“下一步的真实”。此理论能够正解大学生的很多困惑，使他们能够真正理解什么是“大局意识”和“看齐意识”，进而领悟国内外新闻事件即时报道中可能存在的局限性。

在“新闻学”专业的本科教学中，除了强调意识形态领域里的高屋建瓴，新闻人要注意“政治站位”，还需要强调新闻的真实性原则及立场要始终站在当代传播伦理和新闻社会道义的底线上。如果一则真实的信息可能对公众的社会生活产生强烈不安或心理冲击，可能引发公众恐慌或社会震荡，就应该审时慎行，首先进行科学的新闻讯息风险评估，可能出现两害相权取其轻的情况。但这不意味着新闻机构或新闻人对这类事件的放弃，作为尽责的媒体或优秀的新闻人，在不得不对事实信息有所保留或缩小（问题）报道范围之后，更应清醒地意识到自身的责任未了，少报道或不报道并不意味着问题不存在，而应积极联系相关部门，按照正当的渠道及时反映事件原貌以求解决问题，消除隐患，降低风险，甚至扬善除弊。总之，要通过非新闻手段及时排除隐患，以防由于信息不达而造成事态恶化发生更大的灾难（事故），当代新闻人尤其要注意这类问题。

世界上大多数国家都把真实而公正地报道和评述新闻，作为新闻机构和新闻人向社会公众承担的首要职责、专业义务。如此，任何知而不报、知而伪报，甚至有意隐瞒、恶意篡改事实真相，提供虚假信息，无视公众新闻需求的做法都有悖于新闻人的专业道义和职业道德。

思政目标二：建立新闻人“走、转、改”的实践模式和责任意识。在传播内容的板块里，新闻是最为复杂的传播讯息类别，有的人说“没有之一”。由于议程设置和“选框”“取景”的局限性，新闻学和新闻实践都难以描述一个本真的世界，一个事件绝对真实的原貌。一方面，任何事件都可以被重新描述；另一方面，在自媒体盛行的泛传播样态下，不同利益主体的不同视角可使“新闻”内容差之毫厘却谬以千里。所以在“新闻学”专业教学中，更应该加大力度强调新闻的“本色”，这是非常典型的专业性——本科教育阶段的重点内容。党中央提出关于媒体记者要“走基层、转作风、改文风”（简称“走转改”），“走转改”是马克思主义新闻观的鲜活实践，正如“中青在线”所解读的：美丽的风景在基层，最感人的故事在基层，最锻炼人的舞台在基层。记者到群众中去，新闻从群众中来，我们期望新生代有这样“为人民服务”的新闻观。当代新闻人需要走出互联网，深入生活，创造机会到基层一线体验最细微的，却可能触及灵魂的人、事、物。用心走基层、用情转作风、用功改文风的导向与新闻学学理的契合使专业新闻人能够更好地领会政策宗旨，回归到新闻学理的正路。

四、“广告学”专业的培养目标与思政目标

（一）“广告学”专业的目标市场与需求

1.“广告学”专业的目标市场

在 2022 年全国 169 所院校招生的“广告学”本科专业中，“新闻传播学类 A+ 专业”在“2022 软科中国大学专业排名”第一位的是中国传媒大学，

其“广告学”专业的目标市场，即毕业生的就业领域或用人单位有哪些？中国传媒大学招生网站的相关信息显示：广告学专业面向传媒及营销业界，广告学专业具体人才输送主要有三个方向：一是能够胜任品牌传播、国际化传播、品牌战略传播的专业型人才；二是掌握数字技术手段、了解数字营销运作流程，能够对各类数字化传播方式进行资源整合的专业型人才；三是面向广告及相关领域的研究机构，培养从事品牌传播研究或广告研究方面的学术型人才。

分析广告目标市场，不仅要深谙传统广告定义，还要理解现代广告内涵与外延的发展，但无论怎样转型变迁，广告的本质永远也不会改变：广告就是营销传播，既包括商业品牌的市场推广，又包括公益诉求的广泛传播，传媒科技等一切资源都是提效助力工具；广告人是通过创意和资源整合，全媒介营销传播商业品牌或公益理念的专业人；广告产业就是一个生产或塑造品牌的产业。故“广告学”专业毕业生的就业去向早已超出了专业广告（代理）公司和企业（包括互联网大厂等在内）广告部门这种狭义的“对口”范围，而扩充到更广泛的、在各个层级上的政府宣传机构、公共服务机构和所有需要沟通的隐性市场，其中各类属性的传媒机构（包括个人工作室、自媒体运营等），都是专业广告人从事专业工作的对口选择。

2.“广告学”专业的人才需求

针对“广告学”专业培养人才的目标市场分析人才需求。首先要深谙广告的本质（前已叙）和内涵。诚然，传统广告的界定泾渭分明，但观照现实中的广告实践运作，其突破与颠覆性使传统广告的概念不断扩容，应该以营销传播来界定现代“大广告”的内涵更为确切。今天的广告其本质是营销传播。

- ◆ 广告是营销传播，是品牌写真
- ◆ 广告是心理劝诱艺术，是信息沟通
- ◆ 广告是对于一切商业产品的文化包装
- ◆ 广告产业是一个生产品牌的形象产业

2016 年 9 月 1 日起施行的《互联网广告管理暂行办法》，明确界定了“互联网广告”，是指通过网站、网页、互联网应用程序等互联网媒介，以文字、图片、音频、视频或者其他形式，直接或者间接地推销商品或者服务的商业广告。该暂行办法细分了互联网广告的五种日常表现类型：

（1）推销商品或者服务的含有链接的文字、图片或者视频等形式的广告；

（2）推销商品或者服务的电子邮件广告；

（3）推销商品或者服务的付费搜索广告；

（4）推销商品或者服务的商业性展示中的广告；

（5）其他通过互联网媒介推销商品或者服务的商业广告。

这里将“其他通过互联网媒介推销商品或者服务”的都归到“互联网广告”之列，进一步从政策上明确了现代意义的广告是包含一切营销传播的“大广告”。

关注点一：现代广告已为“大广告”，即广告主利用线上和线下各类媒介的一切营销传播活动，包括公益理念的推广和商业品牌的传播。在高校“广告学”专业讲授课程的专业教师都了解这些年的困境：所有教材，包括国家规划教材在内，关于“广告”的界定越来越难以权威化，传统广告定义成为历史性的规范，当代广告伴随传媒科技的推进和人们交往方式的变迁，在内容与形式、符号与形态上都出现了形式多变的新样态。广告实务的流程和广告产业链条也在不断进化中，现代广告业的主体构成，如图 2–10 所示。

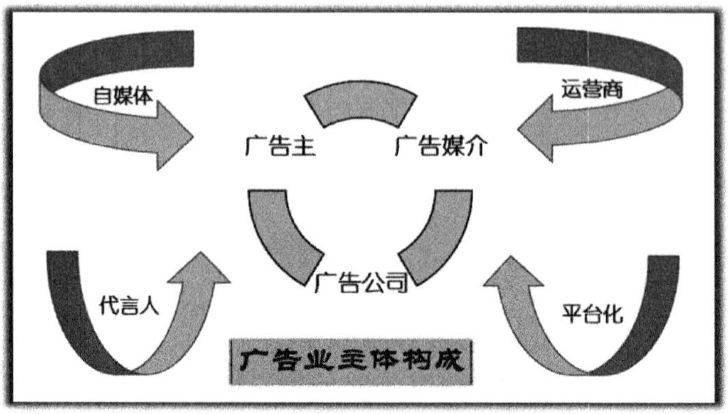

图 2-10 现代广告业的主体构成

广告主体即广告产业链上不可缺少的要素和《中华人民共和国广告法》（以下简称《广告法》）所规定的相关要素。传统广告主体只有三大要素：广告主、广告公司和广告媒介。而当代传媒科技加持下的现代广告，在传统广告三大主体要素内涵的基础上，各自增加了具有技术意义的多种元素：如广告主主体要素，增加了包括自然人在内的各种自媒体等；广告公司主体要素，按照2015年修订的《广告法》规定，增加了“广告代言人”一项，其中“广告代言人”既包括真人实体，又包括实体机器人和虚拟数字代言人等；广告媒介主体要素，融进了网络运营商及融媒体平台。实际上，现代“大广告”概念里的广告媒介，已经指向全媒介，无论是否收取广告费用。这一点，与传统广告对广告媒介的界定有所不同。

关注点二：现代广告实践中最短缺的是广告主体的“人品”。广告学专业的人才质量如何？就我们今天所能看到的各种“不良”广告之多、之陋、之不堪而言，笔者认为：在传播界，尤其是在商业广告领域，从事广告营销传播活动的人首先缺少的是诚信、是人品、是大智慧（而不是小聪明），这是目前“广告学”专业人才的第一项短缺，并带有普遍意义。很希望这一项是个“门槛”条件，但事先难以检验和考证，故仅仅提出此问题：如何考核或检测一位

"准广告人"在入行前的品质和品格（简称人品）。在现实的广告实践中，往往一个人的人品决定广告作品的品位，广告作品的品位又反映并直接影响广告品牌形象，影响品牌所有者的社会效益和经济效益。除人品之外，针对目前广告市场的各种表现，"广告学"的专业人才还有短缺性的需求，如公益慈善之爱的能力，洞察消费者的能力，当代传媒科技应用的能力，史学、文学、法学素养和广告学硬核理论基础等。

对专业办学较早，"广告学"本科专业招生人数较多的院校，同样可以设置"普通班"和通过考核选拔后的"卓越班"。卓越班的办学目标是培养全媒介环境下广告市场短缺的高级专业人才——整合传播品牌经理，即统筹性驾驭全资源（包括全媒介、全人力资源、全市场监测等）的"品牌管家"。这是专业广告人队伍中更高段位的管理人才，如"4A"公司的品牌部经理，以管理广告人团队，长期为某个品牌服务，打造并维系某品牌的市场竞争力。

（二）"广告学"专业人才的培养目标与知识和能力结构

1."广告学"专业人才的培养目标

"广告学"本科专业要立足于党和国家的产业政策及制度环境，培养深谙广告的本质，具有洞察市场和用户心理的能力，具备高端层级的当代媒介素养，能够应对未来社会市场文化和科学技术各种挑战的高级广告营销传播人才。目前在校的"准广告人"能以品牌的生存、发展、升级与迭代为专业立足之本，以传媒科技为必要工具，以产品或观念要素打造品牌形象，以硬核产品功效和品牌文化为内容竞争力，并了解传媒产业的运作规律。

2."广告学"专业人才的知识和能力结构

近年来，我国人才大市场具有本科学士学位，甚至硕士或博士学位的新闻传播学学科类专业毕业生的数量逐年递增。当时，通过各种媒体渠道上发出的多种声音，社会已经开始关注“人才高消费”的现象。按照本科教育强调“基础性”和“专业性”这一要求，高校办学定位和专业负责人在培养方案的优化方案中应重视基础性和宽口径，同时将“专业性”模块做得饱满充分，根据市场短缺性和前瞻性需求设计培养内容，“广告学”本科专业知识与能力体系的主要构成，如表 2–9 所示。

表 2–9 “广告学”本科专业知识与能力体系的主要构成

培养模块	知识体系	能力体系	备注
专业基础	“四史” 广告史学 当代媒介素养	广告调研能力 数据爬取和分析能力 广告摄影与摄像能力	未列示教育部规定的公共课
专业核心	传播学 营销学 心理学 广告的本质特征 营销传播的基本规律	市场和用户洞察能力 广告主题的策划能力 广告文案的创作能力 广告符号的创意能力 广告效果的评估能力	
专业理论	诸多广告原理和理论（“经典＋现代”，这里略）	品牌升级与迭代能力 广告心理沟通能力 数字化网生传播能力	
专业实务	广告原则和方法论 广告传播的一般规律 广告的法制规范等	全媒体技术应用能力 专题片的创制能力 全媒介符号表达能力 融媒体账号运营能力	

关注点一：当代“大广告”的社会影响力不能低估。依靠数据、算法及整合最优媒介资源，广告人以专业传播力操盘的当代广告对社会的影响不能低估。“广告学”专业的特征是其强烈的实践性，没有广告实践就没有“广告学”学科。“广告学”作为学科能够独立和发展，其前提就是研究广告实践中诸多广告实务中的理论需求，不断解构和阐释始终“悲催”着广告人与广告客

户的关系问题，并试图以最低的经济成本和社会成本实现与广告受众的沟通。国外一些高校的学科设置和院校名称一般为“新闻与传播学”学科，院系称为“新闻与传播”学院等，而不是“新闻传播”。如果认真推敲“新闻传播”，完全可以解释为关于新闻的传播，包含不了作为品牌商业活动的广告传播，关于“新闻学”与“广告学”学科之间的关系，笔者在另一本书《“批判”传播学——兼析传播学、新闻学、广告学学科之间的关系》（中国传媒大学出版社）有专门的阐述，这里不再赘述。

一个专门研究和阐释如何通过创意实现沟通的学科和专业，其实践效果是显而易见的。一定意义上讲：新闻是单向传播，目的是告知而不是沟通；广告则恰好相反，广告是双向乃至多向传播，目的就是通过沟通实现品牌的价值交付。这样的专业传播实践对社会及广大公众的影响力不会比其他传播内容更低更小。广告本身是一个集社会心理、品牌营销和传播推广等多学科于一体的传媒产品，其创意的吸引力和强制的曝光率最容易吸引眼球，即使多数受众是“被”看广告。因此广告才可能比其他传媒作品产生更大范围、更深程度和更“出圈”的影响力。广告的传播效果关涉到泛媒介化存在的我国媒体文化和其引领的社会文化品位；关涉到整个社会意识流和潮文化风向坐标等。这些是商业广告的间接作用，而商业广告效果的直接作用，则关系到我国市场经济中本土品牌的成长和我国的经济实力，以及在国际市场的品牌竞争力等，从中可见专业广告人的专业素质和知能学识何等重要。“广告学”本科专业的培养除了四个层面构成的知识体系外，广告人从四个层面上的专业实践能力更不能小觑。

关注点二：广告人需要从媒介素养到品牌素养的修炼。现代“大广告”，要求广告人成为具备“技术 + 思想 + 表达”的多维度复合型高端人才。历史上曾经的高校招生类型之分（尽管有的仍在沿用），如“艺术与非艺术类”“文科与理工科”等正在被淡化，“新工科”“新文科”“艺术 + 技术”等概念的提出绝非偶然，“新”的意义在于学科交叉，全面培养。在广告人才的知识与能力结构中必须要加入技术元素，今非昔比，技术在当代广告中的效能不可小觑！我们不期待非工科类、非艺术类的学生去开发 App，但我们一定要求学生学会使用计算机软件工具和互联网应用技术。“连接”不仅针对传播媒介，更广义的“连接”已经深入人类生活和社会的各个领域。本科教学强调的“基础性”越来越“厚积”；“专业性”越来越“精尖”，广告人自身的专业修炼和人文修为已显得越来越重要，这是“广告学”专业学理上的逻辑起点。

拥有高层次媒介素养的广告人能够精准过滤源自广告市场的讯息内容，同时使来自广告主的产品或品牌讯息得到优化。“品牌素养”（Brand Literacy）是一个创新概念，由笔者于十年前发表在一篇学术研究论文里，由于没有“炒作”，这个概念一直被束之高阁在象牙塔里。市场竞争中的“品牌价值”是一个主观范畴，品牌素养即指在品牌与用户和品牌与传媒两个关系中认知品牌价值的程度，这是维系品牌价值现金流和品牌形象竞争力的表征。针对品牌消费者而言：品牌素养是指其体验品牌、消费品牌、获取品牌信息，体验品牌个性并利用媒介工具传播品牌利益的知识能力和文化素养；针对品牌经营者而言：品牌素养是其挖掘品牌内涵、诠释品牌文化、构建品牌价值、创新品牌个性及应对品牌危机的公关能力和素养。品牌素养是在后品牌时期（品牌具备知名度后）人们对品牌价值范畴的认知和体验养成。

新时代对专业广告人提出了更高的要求，其广告的实践逻辑是以媒介素养和品牌素养为基石，以“文化创意 + 数字化能力”为支柱，以内容沟通为营销主要形态，实施全媒介广告品牌传播。

关注点三：需要博流量，但广告的专业“卖点”依旧是创意。迅猛发展的传媒科技驱动；数字网络终端的全符号呈现、电商微商平台密集的商品展示、直播网红声嘶力竭地高速口播，一切都在博流量。屏端迹象表明：线上广告显示商品图片和价格就够了，谈何创意？当然，博流量的方法有太多，用坊间“大厂”（互联网公司）黑话表述，如裂变（分享给好友）、扩私域流量（加好友）、建社群、社群运营（可在群中无限发布广告）、提升社群活跃度（用段子和沙雕图抓眼球）、做垂直（不断细分再细分）、求新物种（把旧东西换个概念重新炒作）、注册 IP、全网刷屏（群友转发）等。这些博取流量的方法都不是广告学意义上的“创意”。

广告是人性的沟通，创意是广告的灵魂。“广告学”的专业卖点就是创意，没有创意的广告缺少人性的灵光，没有情愫的文化共鸣如何撼动人的心灵。懂得创意的人才能了解广告，无创意非广告人。广告应该怎么学？广告人应该怎么创意？如图 2-11 所示。

图 2-11　创意，要用足你的心智

图片来源：台湾《动脑》杂志，2007 年 12 月封底广告。

花儿为什么这样红？大爱，然后创意，用足你的心智。

- ◆ 见识比知识更重要
- ◆ 真诚比套路更重要
- ◆ 心智比经验更重要
- ◆ 策略比技巧更重要
- ◆ 数据比臆想更重要
- ◆ 黑白比彩色更重要
- ◆ 动手比动脑更重要

只有从心灵迸发出来的东西，才容易流进人们的内心而产生共鸣。在新时代高科技产业环境下，数字人为广告品牌代言、真人复刻进了元宇宙、数字藏品标价虚拟化的品牌，人类编程、大数据、算法建模、人工智能似乎正在取代一切，但即使互联网与物联网技术再登峰造极，它也要经历算法智能（大数据）、感知智能（感触及人类的生理反应），而最终进入情感智能（人类的心理反映）阶段。的确，如“鲁班”机器人一天能设计出 4.1 亿张海报，但这只是算法或感知型智能机器人的作品，而未来的情感型智能机器人，则还是要在一定场景下捕捉用户内心的情绪波浪，进而根据心情数据建模算法与创意——既是回归又是迭代。总之，由人类心灵而动的创意才能触及人的灵魂，打开消费者或用户的心房。对广告创意而言，技术永远不是替换关系而应该是升级价值。广告永远是那种通过调研分析和创意实现与用户沟通的专业传播产业。技术越发展，智能越发达，越需要以广告主题表达洞察用户后的诉求，广告的专业目的是实现人性的沟通！以诚信为魂震慑人心，打造以人为本不可替代的品牌传播产业全价值链。戛纳广告节的评奖标准之一是关于创意的“原创性 + 相关性 + 震撼性”。石油大王洛克菲勒说过：假如沟通是一样商品，我愿意付出比任何事物都高昂的价格来购买。

故此，“广告学”专业教师要对学生强调并案例实证，无论传媒科技如何发展，技术只能加持传播效果，而广告的专业“卖点”永远是通过调研策划后的创意，“广告学”的专业属性和广告实践发展的根向今天没有改变。

（三）“广告学”专业人才的价值观与思政目标

专业广告人必须掌握一定的创意知识、能力和经验，才能从根本上生产、升级和迭代品牌形象。然而，如何为产品品牌找个“姓”，在广告学学术理论历史发展中的“定位”理论及后来的“再定位”理论，都曾提出过品牌定位的方法论（笔者在《广告教学与实践模块建构研究》（中国传媒大学出版社）一书中有所阐述），本书不再赘述。今天，广告产业生存与发展的经济环境、政治环境、文化环境、技术环境及国内外商业品牌市场都发生了重大改变，有些“颠覆性”的变化给当代广告人“加码”“设梗”，无形中加重了专业上的复杂性。在当代，要成为真正过硬的专业广告人，还需要具备坚硬的专业价值观内核。

1.“广告学”本科人才的专业价值观

关注点一：“导向观”。广告也要讲导向，借助创意正能量为品牌养生。这是当代广告业的宗旨，也是目的。只为质量好的产品做广告，专业广告人首先要遵循马克思主义关于物质决定意识的观点，虽然传统和朴素，但也讲真切和实用。产品要质量，否则无品牌，对于低质和劣质产品，广告人应该拒绝代理其广告，更不能做虚假广告。对于当代专业教学我们再一次提出：广告行业的经营理念是“传递信息、传播文明”，这是在 1997 年原国家工商管理局与北京广告协会共同开办的第一期广告职业任职资格上岗证培训班上，我们从广告专业属性的学理上提出来的经验理念和职业底线，但是现在却与广告业界渐行渐远。新时代“大广告”新形态呼唤公共传播复合型的品牌创新人才，强调其具备三要素：技术（入口）+ 思想（内容）+ 表达（沟通）。

广告的专业“卖点”是创意，而创意意味着天马行空。如何远离权贵、远离名噪、远离奢华，善于倾听来自一线（用户与市场）的声音，稳固广告原生态的根向，呈现哪些广告主题和创意符号？这是“广告学”专业教师和学生在不同语境下需要研讨的永恒的课题。在媒介消费的碎片化时代，鉴于广告超强的专业传播力，广告人在制造品牌“引爆点”的同时，必须权衡利弊，有效掌控广告符号文化的导向，具备舆论传播和舆情监控的导正能力。反映在“广告学”教学理念中，就是要强调“创意是一种修行”，注意创意符号的意义、价值和文化品位。

关注点二：“品牌观”。无论科技走多远，广告永远是塑造品牌的形象产业。作为专业见识和知识点，深厚的品牌素养能够使专业广告人具备一定的产品甄别、品牌命名、品牌定位、品牌个性、品牌质疑、品牌评估、品牌创新、品牌年轻化、品牌升级和品牌迭代的能力。这里既包括品牌的生产能力，又包括维系品牌发展的能力，同时逐渐养成对品牌危机的思辨性反应和应对能力。“品牌观”的核心是专业广告人时时刻刻善用媒介权益优化品牌符号赢取品牌诚信，尤其是在后品牌时代不断提升品牌价值的强烈的品牌意识。唯此才能称得上专业广告人，珍视、爱护、持守并不断提高品牌价值，将有限的品牌投资用在刀刃上。筑牢“品牌观”，深谙品牌素养，提高当代媒介素养，是专业广告人保持本色的修为。

还必须对“广告学”专业的学生强调一点：“品牌观”里包含质量第一的公共理念，只为好产品做广告，这是坚守品牌质量的保障。专业广告人和广告传播机构，应该只为质量过关的好产品做品牌广告，以守住广告行业的社会信誉。

品牌发展的驱动力是什么？首先是产品的质量与信誉，然后才可能是技术。这一观点必须强化给学生。大量品牌断崖式跌落的案例足以证明：广告人只能以商品的优良质量为前提和必要条件来打造品牌，否则可能适得其反。当代商业传播策划，应以守真坦诚为前提，以消费者或用户实际需求为依据，以传媒科技为工具，以消费者或用户身心健康为核心，以社会稳定行业发展为前景，为广告主提供真情的品牌服务。一切浮躁与浮华、浮夸与浮漂，弄虚与作假、欺骗与欺诈等社会问题如果在广告业内盛行，广告主对品牌的投资回报率何堪？广告行业发展的前景何堪？专业广告人是品牌的管理者。

关注点三："智慧观"。科技进步更需要广告人的大智慧而不是小聪明。新时代传统广告已经扩容为"大广告"，线上社交平台频繁的人际交往和信息流通要求"广告学"专业培养的"广告人"是能够驾驭公共传播的复合型人才，即具有社会交往与人际沟通的人文素质，具备市场洞察和内容符号表达的社会传播学识。复合型广告人才要心有猛虎，细嗅蔷薇，感知讯息和洞察趋向，分享文化体验，找寻品牌感觉，掌握"技术（入口）+爆发思想力（内容）+表达（社交人际沟通）"，这些都需要广告人的专业大智慧。当代传媒科技的进步对广告人提出了更高的要求，除了要及时掌握新技术的应用外，还需要广告人的高智商和高情商匹配、辨析大数据算法下的种种现象级表征。其实，广告人专业水准的高低有时就在"一念之间"，不存在事事有效的套路和捷径，只需要用心体验、领悟和洞察后大智慧灵光的闪现。任何侥幸的、山寨的、企图蒙混小聪明型的策划与创意，在一个充满人工智能的市场里显得越发拙劣，新时代需要专业广告人的大智慧。

从广告人的媒介素养辨识到品牌素养的加持，从广告技术的智能化分布到媒介社交平台人与人之间的交互能力，从生产和打造品牌个性到品牌人格化迭代乃至价值性升级，这都需要当代广告人自身的硬件、软件和潜件能力综合后的认知大格局。

另外，作为专业广告人还需要具备一些特殊素质，如接受挑战、自制自醒，既有创新思维又要有批判性思维，保持好奇探索开掘之心的高智商和高情商等。而获得这些智慧的养分都散发在内心与生活、职场与传媒的广泛空间，当然广告人要获得（get）高智商的前提，首先是拥有爱，大爱！然后是用心学习、观察、实践、阅读、赏析、旅行等，大智慧源自大视野、大思维、大境界。

关注点四："故事观"。以品牌故事传播商业文化价值。创意是广告的专业"卖点"，专业广告人的创意是挖掘和讲好品牌故事。目前的互联网广告及电商和微商的界面广告多以商业讯息的方式，广而告之产品价格、产品性能、产品销售入口等，少有经过精心创意后才上线的网络广告。最明显的就是直播带货，在主播的极力推荐和价格诱因下，表面看产品销售有效果，但不一定有利于产品品牌的长期发展。因为在直播带货语境下，品牌太缺乏质感，太缺乏质量担当。所以直播带货只是形成一种短期的产品销售行为，长期看，对产品的品牌、对拥有品牌的企业发展作用式微。

广告的专业精神是无创意，不广告。相比 20 世纪以创意为灵魂的传统广告时代，今天的"老广告人"依旧沿袭了学理意义上的广告创意，即使在纯粹网生性的社交平台上，我们从少有的经过创意的作品中，也可以嗅出浓浓的广告原味。

- 广告并非把原版信息直接传递给媒介受众或目标消费者，而是通过专业性极强的创造性构思和创新符号展示创意后的讯息，这才是广告的"原味"
- 创意这一凝聚专业广告人心智的过程和目的旨在使广告讯息有趣、有益、有故事，吸引眼球，触碰受众的痛点，以成为爆款，使人们记住品牌
- 创意是一种修行，"恶俗广告"有失艺术水准；"虚假广告"有失民心民意，二者都是对广告宗旨的背离，只有真实的讯息才能实现沟通

"故事性＋相关性"决定了品牌的诉求力和传播力。广告创意可以创造出

任何技术手段和传播工具都无法超越的宏大构想，以原创性品牌符号触及受众心灵而产生震慑效果，这就是广告的“魅力”或所谓的“魔性”。广告创意所带来的“魔力”传播与沟通效果是任何一个产业都无法取代的。

在社交场景下的信息沟通更需要人情味，更需要品牌的人格化，由此凸显“故事性”在广告创意中的人文价值。故事性诉求能否打动甚至击穿人心，引发广告受众的心理共鸣（媒介能起到广告音像共振的工具作用），这与故事元素、产品功能或品牌文化的策划定位相关，直接决定广告符号的影响力和广告传播效果。数字网络及全媒介下的商业传播市场亟待富有创意价值的广告“讲好品牌故事”。

需要告诉我们的学生，会讲故事，会讲品牌故事，这不是流行，而是必须！辅之在主流媒介的广告投放及硬广告支撑，会使品牌再一次受到关注。比如，很长时间以来都在北京广播电视台播放的某饮用水广告，朴实真切的影像渲染，通过一个个水质监测工人讲述自己如何抽取水样的故事，温情、温馨，温暖了电视观众，在电视播放那一刻，该品牌饮用水真切地走入了人们的内心。同时对于植入在《北京您早》等新闻节目中的产品，人们不再反感，而是给予了一份亲切又放心的情感。如此创意性的广告，使品牌渗入、进入并深入人心，逐渐产生好感度、信任度和购买行为，或转变态度，成为品牌的消费者，并逐渐养成消费习惯甚至成为品牌的“忠诚卫士”。目前中国大量的本土品牌，在技术质量过关之后，都亟待通过故事诉求的创意方式传递这些品牌的中国精神、中国价值和中国力量，以铸造中国品牌的内核。

当然，无论是创意魔力还是故事诉求，产生广告效果的前提是用户的媒介触达，专业广告人对广告传播媒介的选择同等重要。关于广告整合营销传播的理论与实践，正是解决广告传播的渠道问题，优化并整合传媒资源，集传媒与用户可能达及的各种触点共振发声，这也是一个需要强调的问题。

2.“广告学”本科专业教育的思政目标。

“广告学”的专业功力是品牌创意。品牌的人文性和创意的纵横驰骋都使广告人一族思路发散、思维活跃、思想开放。但自始至终，广告人都要坚守诚信原则，坚持先进的广告文化导向，关注党和国家的相关政策；关注市场与民生，熟知《广告法》，自觉遵守国家的法律和法规，不仅为广告主品牌服务，也要为广告受众提供最安全可信赖的信息服务，始终站在广告职业道德和社会伦理的底线之上。这些思政要求需要在“广告学”专业本科阶段进入课堂，使学生在专业教育的场景下思考和领悟。

思政目标一：以广告超强的传播力弘扬先进文化。广告是传媒的产品形态之一，任何传媒产品都是文化产品，进入传媒受众的精神消费领域。广告是一种科学与艺术水乳交融的传播活动，无论是立足于广告的科学性还是倾心于广告的艺术性，广告的传播是手段；科学是机理，艺术是工具，营销是目的。广告是一门艺术，通过心理劝服艺术创意作品，用艺术手法塑造企业形象，创意是广告的生命；广告也是一门科学，是关于真实信息有效传播的科学，需要包括大数据在内的市场调研和精准投放。一方面是科学与艺术交融后的有效创意；另一方面是整合媒体资源使受众有效触达后的渗透性和重复性，都使广告成为一个无所不在的强力传播形态。伴随数字网络媒介的沉浸式传播，广告业比其他行业对社会的影响更大！广告作为一种具有超强传播力的文化产品渗透社会生活，直接影响人们的“三观”。没有人能躲过广告，没有人能不看广告，广告的品位和文化价值导向对社会大众的重要性不言而喻。

广告经过专业传播与符号创意多元化放大了自身的作用。如何充分发挥广告的强势传播力和社会影响力，使公益广告传播成为专业广告人的习惯性日常，借力宣传党和政府的政策方略，凝聚民心同向发力，这是专业广告人自觉的政治站位。广告的功利性对社会文化起到“双刃剑”的作用；广告竞争市场中的品牌占有率，实质上是对消费者或用户的注意力资源这种无形资产的争夺和占有；虚假广告从根本上背离了消费者或用户对需求真实信息的初衷，认清这些学理而自觉扬长避短，是专业广告人自强自爱的专业文化正能量。

思政目标二：以优秀的文化创意打造品牌故事。广告是品牌的写真，广告赋予品牌意义与价值。品牌是广告传播的产物，品牌广告是对一切商业产品的文化包装。广告可以远离天地之间一切物的自然规律，只研究如何对人发生作用。广告创意无论是温婉的心理劝诱还是激昂的煽情撩人，目的都是要实现人性层面的心理沟通。于是我们看到越来越多的品牌在人格化，“讲好品牌故事”成为打造或升级品牌形象的有效传播模式。就专业化广告活动而言，品牌的创建是循序渐进的，发展过程经历了几个阶段，如图 2–12 所示。

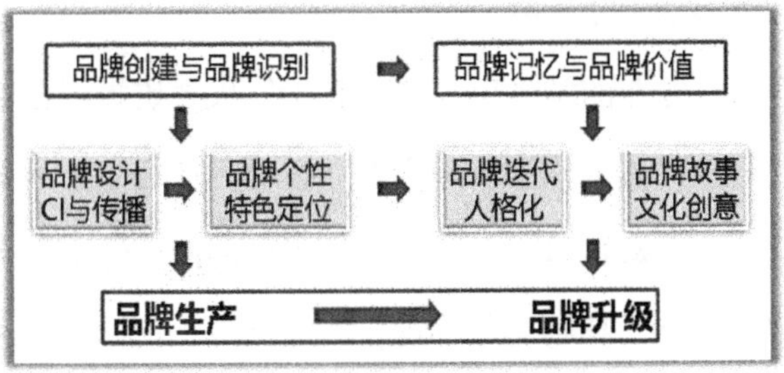

图 2–12　品牌的发展阶段

从品牌的创建到发展，再到后品牌时代品牌的迭代升级，一般品牌都经历了从 CI 设计与传播—找寻品牌个性的特色定位，完成品牌创建与品牌识别；再从品牌个性的特色定位—品牌迭代的人格化—品牌故事的文化创意，以完成品牌记忆与品牌价值的不断提升。毕竟，品牌的迭代永远刚需，故事可以连续不断，拍成多集“连续剧”，使品牌生机盎然且不断年轻化，使品牌形象不断升级换代。运用优秀文化创意品牌故事，需要专业广告人具备深厚的文化底蕴和人文学养，结合品牌产品的相关元素和拟人化方式，深刻理解人世间的情义、仁义、狭义、仗义、道义、大义和正义，在品牌策划环节摆脱“阴谋论”

之嫌，以优秀文化创新品牌形象，消减商业广告的“原罪”，让广告传播在阳光下成就品牌的人性光芒。

思政目标三：以专业化广告铸造中国品牌竞争力。在实体经济领域拥有大量的国际品牌是一个国家经济实力强大的表征。我国物质资源、人力资源、媒体资源都广袤丰盛富足，国家基本投资与基础产业技术有良好的历史发展基础，一大批老字号、地方土产特产和手工艺匠人有待走向大市场，但种种优势商品的背后，缺少的是地方品牌、国家品牌和国际品牌。在世界政治和军事格局不断变化的态势下，一个国家的农业、工业和服务业的强大不仅造福于本国人民，而且有利于推动国际和平。高校“广告学”专业任重而道远，责任和使命重大。我国市场经济体制对广告产业有刚性需求，在强国之路上培育一批国际品牌有赖于广告人的专业贡献。

面对“广告学”专业的学生，高校的教学不仅是讲授专业知识、学术原理和实践技能，更应该甚至首先应该开启专业格局。广告生产品牌形象，提升品牌强度。地方媒体、国家媒体，尤其是持续走红的网生性头部媒体，无论是短视频还是直播带货平台，都有义务将培育本土品牌（也称民族品牌）作为一项公民或法人的事业。市场经济不是区域经济、不是地方经济、不是本位经济、不是本体经济，任何一家广告主体（广告主、广告公司和广告媒介等）都有责任不断寻找、发现并塑造能够在全球市场展示中国实力、参与国际竞争、进行国际文化交流的国家品牌形象。

万事俱备，只欠东风。这个“东风”就是专业广告人要拿出有质量的广告作品，为品牌生风，使媒体风光。毕竟，广告只是个媚眼，算不得结婚证明（钱钟书语）。然而这个“媚眼”创制的难度，正是检验广告人是否专业、是否把握市场、是否洞察用户、是否具有大境界大格局的考题。长期对国内外市场的观察体验；对大数据及深度调研的分析研判；科学与人文价值结合的广告主题策划，时尚符号与传统工匠融合的创意概念及符号组合；公信权威与头部网红交互的媒体资源整合；“故事元素＋创意符号＋品牌场景＋文化情感”的交汇，这些构成浓浓的广告品性，使传媒受众感到品牌文化的冲击力，在互动沟通中全面感知品牌利益。如此也助力广告产业的兴盛和可持续发展，形成媒介的影响力和品牌的公信力。

品牌是怎么走红的？国际品牌是怎么走向世界的？专业教师要拿出最典型的案例，在大格局中深层解构，这不是爱国主义教育是什么？市场经济是用户主权经济，是品牌经济。生产品牌、传播品牌和升级品牌，这是广告的正业！

第三章

课程与思政元素

“课程”一词的英语是“Curriculum”，源于拉丁语“Coursus”，本意为“跑道”，转义为教育上的术语，依旧为名词，意味着学习者学习的系统性路线。“课程”的概念有广义与狭义之分：广义上指依据学校教育目标制订的学生各种活动的总体计划，凡是在培养方案和教学计划所规定的学校各种活动，都可以列入广义的“课程”概念中；狭义上指一门学科的各种活动总体计划，包括教学目标、教学内容、教学时限、一定比例的理论课程和实践（理工科等多称为“实验”）课程等。在高等本科学历教育中，课程是教学活动的基本单元，是实现本科高等基础性教育的途径。专业课程是实现高等专业性教育的途径。高校根据社会需求设置专业，把专业培养目标和规格课程化，便形成了规范的课程体系，通过课程教学培养专业所需要的人，课程的选择绝不能是有什么老师就开什么课。

本科课程内容要具备系统性。选择课程内容是教学的第一步，直接决定课程质量，是影响课程效果的首要环节。教学内容的选择首先是本科课程的系统性。所谓“系统”，是指同类事物按一定秩序和内部联系组合成的整体，加上后缀的“性”构成属性词。“系统性用在教学内容选择上，是强调各门课程知识自身的整体性、课程体系中各门课程排列的结构性，以及课程内容知识点之间的逻辑性，这些都是为本科生构建比较系统的基础理论所不可或缺的。”[1]本科课程的系统性不仅要求每一门课程自身的整体性和逻辑结构的完整性，还要求在同一个专业课程体系里，各位任课教师之间在教学内容上的衔接和相互呼应。

本科课程教学要以教师讲授为主。针对本科生的专业课程强调要以教师的讲授形式为主。“讲授，是指教师通过口头语言向学生描绘情境，叙述事实、解释概念、论证原理、评价现象和阐明规律的基本教学方法，适合于概念、原理、原则等理论性较强而抽象性的内容，特别符合本科生建立基本专业知识体系框架，且课堂人数相对较多的教学需要。”[2]目前在高校课堂提倡教学互动，给学生更多的发言机会和时间，这是无可厚非的。需要区分的是：研究生教育的本质属性是专业方向性和研究探索性，因为在理论上他们已经在本科阶段打下了相关学科的知识基础。所以在研究生的课堂上，教师或导师可以以命题或非命题、启发式研讨等方式，请研究生参与甚至主持课堂交流活动，以研讨课的方式展开教学。而本科教育的本质属性是高等基础性和高等专业性，它需要知识的系统化，需要教师对课程内容做出结构合理、逻辑清晰的阐释或论证，帮助本科学生建立一个框架性完整的专业知识体系。

本科专业教育的规范和边界都很清晰，通过课程化教学实现专业培养目

---

[1] 参见中国计量大学标准化学院原院长李丹青讲授的专题“研究生与本科生培养差异点辨析及把握”。

[2] 参见中国计量大学标准化学院原院长李丹青讲授的专题“研究生与本科生培养差异点辨析及把握”。

标。与研究生不同，本科生尚没有任何学科基础，对专业认知基本是一张白纸，因此需要教师在教学方式上以教师讲授为主，但这并不意味着教师满堂灌的填鸭式教学，而应以“带入”为目的，挖掘学生头脑里可能与专业相关的元素，提出概念，阐释内涵；同时，讲课不能讲“满”，预留一些时间请学生消化、反馈，预留一些思考空间使学生个性化构建自己的专业“元知识”结构。

一、传媒类专业课程架构的规范化

专业是学科与行业需求的结合点。专业培养的人才规格要由社会或行业需求决定；学科是知识的分门别类，社会或行业所需求人才的知识与能力结构要在不同学科知识领域选择并结构化有机组合，课程的组织与架构由高校的专业决定。

2018 年 1 月中华人民共和国教育部发布的《普通高等学校本科专业类教学质量国家标准》中明确指出，传媒类的专业课程是以“新闻传播学类教育质量国家标准”为口径，规定了该学科课程体系的总体框架及课程设置架构。同时《普通高等学校本科专业类教学质量国家标准》还对新闻传播学类下属的各个专业规定了具体课程。

（一）新闻传播学学科类专业课程体系规范

1. 新闻传播学学科类专业课程的总体框架

根据新闻传播学类专业特点，《普通高等学校本科专业类教学质量国家标准》对传媒类专业的课程体系规范化制定了理论课程、实践教学环节和毕业论文（作品）三大模块，如表 3–1 所示。

表 3-1　新闻传播学学科类专业课程总体框架

<table>
<tr><th>课程体系</th><th colspan="4">理论课程</th><th>实践教学环节</th><th>毕业论文（作品）</th></tr>
<tr><td>课程模块</td><td>通识类</td><td>公共基础类</td><td>专业基础类</td><td>专业类</td><td rowspan="3">应当强化专业实践能力</td><td rowspan="3">略</td></tr>
<tr><td rowspan="2">课程要求</td><td>应当扩大通识类课程覆盖面</td><td colspan="3">增加新媒体知识和技术相关课程</td></tr>
<tr><td colspan="4">这四大类课程总体上应能充分反映新闻传播学类专业培养目标及培养规格的要求，充分反映中国特色社会主义新闻传播实践的最新经验，充分反映本学科领域的最新研究进展情况，涵盖创新创业教育</td></tr>
</table>

新闻传播学类专业的理论课程主要包含通识类课程、公共基础类课程、专业基础类课程和专业类课程四个模块。课程总体框架设计应当强化专业实践能力，扩大通识类课程覆盖面等。各高校可选择一些反映学科前沿、学校特色的知识单元作为选修科目。有条件的学校可制订并实施国内（外）学生交换计划、各类形式和层次的联合培养，以及开展双语教学。

2. 新闻传播学学科类专业理论课程的设置

在新闻传播学类专业课程总体框架下，《普通高等学校本科专业类教学质量国家标准》也对传媒类专业的理论课程、实践教学环节和毕业论文（作品）三大模块的具体内容和执行要求做出进一步的详细规范，由于本书的目的是挖掘理论课程中的思政元素，故这里只列示理论课程这一模块［实践教学环节和毕业论文（作品）两个模块的内容不一一列示］，如表 3-2 所示。

表 3–2 新闻传播学学科类专业共通性理论课程设置

四个模块	通识类	公共基础类	专业基础类	专业类
课程目的	旨在提升学生的人文素养，培养科学精神，提高艺术修养	旨在加强学生在新闻传播学学科基础	应当根据各专业教学目标和任务，开设新闻传播学类基础课程	详见表 3–3 新闻传播学学科类各个专业的理论课程设置
课程内容或名称	主要包括人文学科类、社会科学类和自然科学类课程	主要包括思想政治理论、大学外语、计算机基础及应用、体育类、职业生涯规划、就业指导及创新创业教育等课程	主要包括新闻学概论、广播电视概论、广告学概论、传播学概论、网络与新媒体概论、出版与数字出版概论、新闻传播伦理与法规、马克思主义新闻思想、（或马克思主义新闻论著选读）、数字媒体技术、新闻传播学研究方法	

参照本书在第二章“专业与思政目标”中所阐释的“传播学”“当代传媒科技”“‘四史’专题系列”“当代媒介素养”四门课程的意义，我们建议“传播学”应该以更多的课时，列入表 3–2 中的“公共基础类”课程模块；“当代传媒科技”列入表 3–2 中的“专业基础类”课程模块；“‘四史’专题系列”列入表 3–2 中的“通识类”课程模块。

3. 新闻传播学学科类各个专业理论课程的设置

2018 年教育部发布的《普通高等学校本科专业类教学质量国家标准》针对新闻传播学学科类目下的 7 个二级学科，即 7 个专业的理论课程明确指出：各高校根据自身特点以及师资情况，结合专业教学目标和任务，应开设 8 ~ 10 门专业必修课程（统称为“专业核心课”，笔者注），教学内容应涵盖业务方面的核心知识点。同时,《普通高等学校本科专业类教学质量国家标准》对7个专业分别提出了包括名称在内的具体课程，如表3–3所示。

表3–3　新闻传播学学科类各专业理论课程设置

专业名称	理论课程设置（专业核心课）	备注
新闻学专业	中外新闻传播史、新闻采访、新闻写作、新闻编辑、新闻评论、融合新闻学、新闻摄影、媒介经营与管理	8门
广播电视学专业	广播电视史、广播电视采访、广播电视写作、电视画面编辑、广播电视评论、融合新闻学、非线性编辑、电视节目类型与策划、电视摄像	9门
广告学专业	广告史、广告创意与策划、广告心理学、市场营销学、统计与数据分析、消费者行为与营销策略、电脑图文设计、广告效果评估	8门
传播学专业	大众传播史、传播研究方法、跨文化传播、调查软件与应用、舆论学、传播效果与测量、传播心理学、受众与视听率分析	8门
编辑出版学专业	平面媒体编辑、新媒体编辑、网页设计与制作、出版物设计与制作、数字多媒体作品赏析、视觉传播、非线性编辑、出版法规	8门
网络与新媒体专业	网页设计与制作、数字多媒体作品创作、非线性编辑、融合新闻学、新媒体数据分析与应用、新媒体产品设计与项目管理、电子商务基础与应用、网络舆情监测与研判	8门
数字出版专业	数字出版技术、数字出版创意与策划、数字多媒体作品创作、数字多媒体作品赏析、网页设计与制作、网络与新媒体广告、出版法规、视觉传播、电子商务基础与应用	9门

《普通高等学校本科专业类教学质量国家标准》鼓励高校开发跨学科、跨专业的新兴交叉课程，对已经规定的课程具体名称，高校可以根据自身的资源优势进行调整。《普通高等学校本科专业类教学质量国家标准》还提出专业办学定位可以自主设计专业选修课程或专业方向课程模块，以供学生选择。同时还鼓励在规定的目录外开发一些特设专业，其专业类课程由开设院校自行设定。

（二）以“广告学”专业为例看课程的框架性

根据本科的专业属性和课程在内容选择上的系统性原则，除了各门课程自身要求的系统性外，所有专业课程模块之间也需要具备系统性。课程的系统性表现为课程的框架性、整体性和模块化。“讲框架，是确保学生掌握基本专业知识的不二之选。布鲁纳有言：要使学生所学的东西在今后的一生中更有价值，则学习和掌握每门学科中那些广泛起作用的概念、定义、原理和法则体系是最好的办法。因为学生如果掌握了学科知识的基本结构，他就可以独立面对并深入新的知识领域，不断认识新问题，增多新知识。”[1]

高校本科专业课程的系统性内涵之一，就是课程的框架性，即保证课程及课程体系架构的完整性，以使学生掌握“广告学”这一独立学科的基本结构。如前所叙，专业是学科与职业的交叉点，学科知识的完整性意味着学生进入职场及未来职业发展的可持续性。实际上，高校本科学历教育的系统性和框架性、基础性和专业性对于高校本科教师的授课提出了规范和严格的要求，既有严谨的规格限定，又有开放式的创新激励。教师必须严格按照课程教学大纲的框架授课，不能想讲什么就讲什么，或随便放弃哪章哪节，或只讲自己感兴趣的研究内容等。同时教师之间需要经常组织教学研讨活动，做好课程之间的切割，明确课程之间在逻辑上的交互关联。否则，如果没有真正意义上的教学研讨，各人讲各人的，缺乏课程之间的相互贯穿，缺乏教师之间彼此配合，致使专业知识或原理支离破碎，使学生看不到知识的系统结构，把握不到课程逻辑，不能了解各门课程对专业的价值和意义，难以形成一整套科学的专业价值观和方法论。

这里以“广告学”专业为例，逐细分析课程架构和模块之间的逻辑关联性。

---

[1] 参见中国计量大学标准化学院原院长李丹青讲授的专题“研究生与本科生培养差异点辨析及把握”。

1. 本科专业课程模块的基本架构

任何一个专业课程的系统性及框架性，都体现在具体专业的培养方案和课程的教学大纲、教学日历、课堂教案和课堂PPT中。以学科类知识“主课”系列为基础，继续构建专业类课程的基本架构，主要可以由以下四个模块组成，由专业管理团队操作，根据本院校的学科优势和办学资源配课。

- ◆ 专业基础课：包括专业技能类、文化素养类、“四史”专题和当代媒介素养、传媒专业通识类、专业素质类
- ◆ 专业核心课：主要的专业课程群，构成一个完整的专业课程在产业链上的知能体系框架，要安排大课时和高学分
- ◆ 专业特色课：体现办学院校优势资源并借以打造院校专业特色类的课程，源于行业资源而设立，办学定位与社会用人单位有密切关系
- ◆ 专业方向课：在专业办学成熟且招生名额较多的情况下，为更好体现院校办学特色和专业性，面向特定岗位需求而设置的专业细分类课程，更加聚焦于用人单位的人才需求

2. 以“广告学”专业为例看课程之间的逻辑关联性

考虑到各个学校培养方案的特色及内容数据的自给性，这里不予展示，只以笔者本身的“广告学”专业办学和课程教学实践为例，不涉及通识类和公共基础类两大模块课程；只针对“广告学”专业类理论课程，不涉及“广告学”专业实践类课程。

第一，专业基础课。通过如下分类以“高等基础性”支撑专业核心课程。

专业素质类：使学生掌握“广告学”学科的基础知识和专业策划与创意能力开设，具体包括：“传播学”（主课）、“广告学导论”（主课）、“当代媒介素养”（主课）、“广告史”“艺术设计史”“广告美学”及本校媒介艺术类学科优势资源课程等。

专业技能类：使学生掌握当代传媒科技及媒介工具的专业技能，本书在第一章（新闻传播学类本科专业的基础性和通识性主课）已经详细列示了当代传媒科技环境下一些传媒类毕业生必须掌握的软硬件操作技术，如“计算机网络基础”“Python 语言”“音视频处理技术”“信息管理系统”“广告摄像与摄影”，以及 CG 领域常用的主要软件（如 Adobe 系列）、虚拟与现实技术及元宇宙基础内容等。

文化素质类：针对学生政治站位的“四史”专题；针对学生文化创意底蕴开设的如“基础写作”“中国文学史”“西方文化思想史”等。

第二，专业核心课。以“高等专业性”诠释全产业链需求的专业知识与能力体系。《普通高等学校本科专业类教学质量国家标准》中列示的“广告学”专业核心课程的知识和能力范畴，已经涉及从消费者（或用户）调研—数据（包括大数据和人工调研）分析——广告策划与创意——计算机图文设计——广告效果评估——再入调研分析循环等，构成了广告业全产业链一个基本完整的生态。但是对于“广告媒介”部分缺少相应的课程知识，虽然在专业基础课模块已经设置了“当代媒介素养”，考虑到目前传媒的重要地位，还是希望直接设置“广告媒介”课程。

（1）在“传播学”等专业基础课程行课后，以“市场营销学”和“广告心理学”为两大专业支点；通过“广告学导论”（其他专业用“概论”，在本专业用“导论”）导入广告学学科知识体系。

（2）以“统计与数据分析”开启过去由“广告调研”担当的市场调查与分析流程，洞察消费者或用户，了解市场竞品，并以此为依据，进入“广告策划与创意”环节。

（3）通过“广告策划与创意”课程植入整合营销传播理论，充分阐释现代国内外市场商业传播的先进理念。其中“整合”即包括广告主拥有的各项资源的整合，也包括全媒介市场优势媒介资源的整合。

（4）通过“电脑图文设计”将创意落地，根据“广告媒介”课程的知识与原理，参照以往广告投放实践经验制订和执行广告计划。

（5）无论是“两微一端”动态滚动多样态的广告，还是程序化广告等，都要进行“广告效果评估”，并以此作为下一轮广告投入决策的参考依据之一，同时根据新时态进行市场调查和“统计与数据分析”，进入新的广告活动循环。

如此课程之间的逻辑关联，使专业基础课程与专业核心课程之间，以及每个模块的课程之间密切连接，贯通一体，循序渐进，构成高校“广告学”专业知识和能力结构的完整性，以匹配广告全产业链上的各个流程对广告专业人才的需求。

第三，专业特色课。通过高校优势资源的差异化课程塑造专业特色。高等教育不能市场化，但高等教育的“产品”，即专业人才的市场也存在竞争。为了赢得更好的生源，将毕业生送往更好的用人岗位，打造办学院校的专业特色已成为提高专业人才竞争力的途径之一。从高校发展的纵向历史，到目前高校生存的环境生态，各个高校都有一定的专业办学基础和优势资源，尤其在高校本科专业的产学研一体化合作的联合培养中（包括与国外院校），社会或行业领域的合作机构属性是形成高校差异化的重要原因。由此，使在不同院校举办同一本科专业的管理者在创建自己的培养方案时，通过不同的、独有的课程设置有意识地构造培养目标上的差异化，从而形成专业特色。

比如，在传统出版方面学科优势较强的院校，可以将“广告学”专业特色定位在出版传媒领域的人才规格上，在总学分恒定的前提下，设置几门与融合出版传媒相关的专业课程，充分利用行业资源进行深度的产学研相结合，还可为这个领域的用人岗位“定制”专业人才。

第四，专业方向课。根据市场需求细分专业方向后的课程细分群。在一些举办专业较早，招生名额较多的高等院校，为更好地利用其优势资源为专业用人市场服务，可以在二级学科，即《普通高等学校本科专业类教学质量国家标准》规定的本科专业名称的基础上进行专业方向上的细分，以更深程度实现本科教育的“高等专业性”。

划分具体的专业方向，以面向特定岗位需求设置专业细分类课程，更加聚焦当代社会用人岗位对人才的特定需求。如在新技术应用、心理情感或创新创意方面等，在当代社会都出现的新的需求。专业本身就是学科知识与社会职业的结合点，要随着市场需求的变化而有所调整。比如，为了应对互联网大数据时代对计算广告人才的需求，在有一定理工科背景的院校，可以从“广告学”专业中划分出“计算广告学”这一专业方向，根据院校学科和教师资源进一步组合数学模型与算法基础、机器学习、数据挖掘技术、人工智能、程序化广告等方面课程，为社会培养和输送“计算广告学”这一目前很多机构都奇缺的以计算广告为强项的广告学专业人才。还可以针对企业产品或品牌营销业务，设置“品牌整合传播”方向，组合品牌学、广告数据分析、活动策划、媒体矩阵投放、品牌战略与管理、SEM（Search Engine Marketing，即搜索引擎营销）、传播指数监测等细分课程；针对当代广泛的媒介市场设立“媒介运营”方向，组合传媒经济学、媒介经营与管理、SEO（Search Engine Optimization，即搜索引擎优化）、小程序开发运营等课程；尤其是针对“广告学”的专业“卖点”——广告创意（由于人才的边缘性，无论从学科知识还是从实践岗位，实际上都缺少这个领域的专门研究和课程）需求，以“创意思维”加强文化创意逻辑和思维素质，设置“广告创意符号”方向：开设符号学、构成原理、语义学、视觉传达、广告创意执行等课程。也可以根据行业岗位划分专业方向，设置不同的专业方向课程群，以提供给不同爱好及专长的学生进行自主选择。

专业细分方向后，关于支撑专业方向课程细分的模块组合，除了依据专业方向的具体内容而选择外，还可以根据时代变迁和新知识新理念，将原有的专业课程进行拆分。比如，为了突出“策划”的科学性和“创意思维导图”的知识性，可将“广告策划与创意”拆分为“广告策划与整合传播”和“创意思维与广告创意”两门课程，让它们分别进入不同的专业方向细分课程模块。根据不同的专业方向设计不同的课程模块，各个专业方向上的课程模块呈现出细分后的差异性，进一步体现出专业特色。

二、传媒类专业课程的底层逻辑与思政元素

“底层逻辑”概念是用来揭示事物的根向属性，即在最深层次所蕴含的本质特性，表现为事物自身根深蒂固的逻辑性。由于种种原因，人们经常被事物的表面现象所引导，而忽略了事物本真的、固有的属性，从而造成人为效果上不同程度的扭曲。挖掘事物的底层逻辑是人们遵照事物的客观规律，不忘初心使命，从根本上寻找解决相关问题的有效路径和思维方法。传媒类专业课程本身具有一些与生俱来的共同属性，挖掘这些属性和特征，我们不难发现，在传媒类专业课程的底层逻辑里有强悍的文化基因和影响人们世界观、人生观、价值观的“三观”内容，这些都是传媒类专业课程中的思政元素。

（一）传媒类专业课程底层逻辑中的思政元素

本书在第一章阐述了传媒类教育的思政价值：传媒类教育要提升专业传媒人的辨析能力和政治素养；要培育专业传媒人血浓于水的家国情怀；要铸造传媒人的思想灵魂和文化段位。这些内容并非由传媒类专业课程之外的单独引进，而是源于课程自身的固有属性，即来源于传媒类专业课程的底层逻辑。

1. 传媒类专业课程在学理上的底层逻辑具有人文学科属性

社会科学与人文学科是两个概念。传媒类专业的理论课程均首先属于人文学科，而不仅是社会科学。科学与人文是一对辩证统一的范畴，二者存在本质的区别。

科学（Science），包括自然科学和社会科学。社会科学，如政治学、经济学、法学、社会学等，旨在发现支配某一社会生活领域的尽可能普遍的规律，并力图用这种普遍性规律解释个别的社会现象或事件。19 世纪，这些社会领域开始独立时，为了“科学”入场，大量借用了自然科学方法，故形成“社会科学”之说。

人文（Humanities），主要包括哲学、史学、语言文学、艺术等，《简明不列颠百科全书》的中文版将此类翻译为“人文学科”。人文学科的重要性并不在于探寻的结果，而在于探寻的过程——开掘出独到的精神——挖掘出对人的意义，即“人文价值”，只有在表达了一种独特的价值时才会受到人们的重视。

可见，“人文学科”不是社会科学，也不能称为“人文科学”（“人文科学”这个概念是不成立的）。英国著名科学家和作家斯诺在他的名著《两种文化》一书中提出了科学文化与人文文化的对立性，并指出了二者的区别。科学文化的进步是谁都不会怀疑的，但人文文化的情况却并非如此。人文学科赋予的个性化，拥有独到的价值，具有人生意义。如果将社会科学与人文学科相比较，我们不难发现二者存在三点个主要的不同点。

第一，宗旨和兴趣不同。社会科学揭示对象的性质和规律，回答研究对象“是什么”“怎么样”及“为什么”的问题；人文学科探寻人的生存及意义、人的价值及实现问题，表达某种价值观念和理想，要回答的主要是研究对象“应如何”的问题；科学是一种纯粹的知识体系的“物学”，人文是建立在知识基础上关于价值体系的“人学”。

第二，关注的方向和价值不同。自然科学和社会科学在研究有关对象时总是致力于“抽象化”或“普遍化”；人文学科在研究和分析有关对象时，总是致力于“具体化”或“个别化”；人文学科强调和重视个别的、富有个性的东西，关注特色、独到的独占性价值；人文学科是借鉴个性价值来开掘人的生存与发展，以及人生的丰富意义。

第三，思维方式和方法论不同。科学的思维方式必然是实证性的，需要实践或实验数据支撑。社会科学作为对事实的描述，事实命题的典型特征句式是“A 是 P”；人文学科表达一定的价值观念或价值理想，思维方式和研究方法一般不是实证性的，人文学科中体现某种人文精神的命题，实际上是值得思考的价值命题，其典型特征句式是“A 应该是 P”。

从学理上分清社会科学与人文学科的关系，我们不难发现：属于人文学科领域的传媒类专业课程，对学生构建自己的“三观”具有客观环境和主观能动方面的影响力。人文学科的课程价值在于鉴别，在于“应该是什么”。如在“传播学”课堂，当讲到“使用与满足”理论时，教师能将收视率或票房最高的传媒产品奉为优秀作品而极度推广吗？不能，因为收视率或票房能够打榜的传媒作品，固然实现了商业价值，但在文化段位和精神价值上不一定都符合我国的政策导向和国情特色。在大数据、算法等技术环境下，尤其要注意课程内容在人文学科意义上的价值判断和导正性。密接思政，这就是传媒类专业课程在学理上的底层逻辑。

2. 传媒类专业课程蕴含着与生俱来的思政元素

传媒类专业是新闻传播学学科知识与社会传媒行业的结合点。高校本科教育的专业化，既以学科为中心，也以行业为背景，以职业为导向。把传媒类专业的培养目标和规格课程化，形成课程体系，进行课程教学，是高校通过专业教育培养社会职业所需人才的路径。学科是知识的分门别类，从新闻传播学学科知识的分门别类看：无论是新闻学、广告学、传播学，还是编辑出版学、数字出版、广播电视学、网络与新媒体等专业，用人岗位都在各类传媒行业和市场。我国传媒业界的政策与方针、制度与规范，同样影响着高校传媒类专业培养方案的制订，引导着传媒类专业课程的系统性、框架性和具体内容的选择。尤其是教师在课堂上所引用、论证或分析的案例，直接透射现实中的传媒场景：不仅有主流媒体的正面宣传导向，也有更多"你方唱罢我登场"的媒体聒噪。传媒自身以一种独特的话语方式，在人文学科的知识演绎中生产意义，形成了一系列语言——语境——语义——语用等语言演绎要素，又从语言学、语境学、语义学和语用学视角，呈现语言演绎要素之间的关系。

"语言学"是以人类语言为研究对象的学科，探索语言的性质、功能、结构、运用和历史发展，以及其他与语言有关的问题。语言有逻辑层次，否则不能以理服人；"语境学"是关于说话者和听话者在真实情景中使用语言的主要原则的研究；"语义学"是关于符号或语言符号（语词、句子等表达式）与其所指对象关系的学科。语义学是对符号与它可以运用于其上的对象之间的关系的研究，即符号与意义的关系；"语用学"是关于符号或语言符号（语词、句子等表达式）与其解释者关系的学科，是对符号和解释者关系的研究。语用学和语义学都是现代数理逻辑符号学分支之一。故此揭示出"语境 + 语义 = 语用"这一内在逻辑。

无论语境、语义与语言的关系如何演绎，都很难脱离政治立场和文化价值取向，甚至本身就是一场政治事件。无论在传媒学界还是业界，无时无刻不充满传媒内容的时政性、传媒观点的立场性、传媒符号的艺术性和传媒文化的价值观，这使传媒类专业课程蕴含着与生俱来的思政元素。

（二）以“广告学”专业为例挖掘课程中的思政元素

针对传媒类专业的具体理论课程进行底层逻辑分析，我们可以发现其具备的人文学科属性及与生俱来的思政基因。这里我们以“广告学”专业为例，立足专业视角，通过具体的专业理论课程展现其中的思政元素。

1.“广告学”专业课程的教学内容与思政元素

在“广告学”专业，“广告学导论”为其专业基础课，“广告学导论”的教学内容与思政元素，如表 3–4 所示。

表 3–4　“广告学导论”的教学内容与思政元素

课程章节	学时	教学内容	思政元素	时效思政
第一章 广告概述	6	广告界定及分类；广告范畴及本质；广告与传播、广告与营销基本关系；“大广告”与营销传播（数字）	解构学校校徽符号和LOGO的意义，给出“爱校”的依据，将学生的感性带入理性，初步建立“品牌”意识	解构中国共产党成立100周年庆祝活动的LOGO，学生阐述庆祝活动有感
第二章 广告与社会	6	广告的起源与中外广告简史；影响广告的内外因素；传媒科技与“病毒式”广告传播；数字广告新形态；传媒技术的可供性；新时代广告的经济功能；广告对社会经济、文化与传媒等正负能量及影响力	以优雅唯美的上海广告画拉开中国广告历史的帷幕；以《清明上河图》展示商业历史景观；通过大量图片和视频纪录片的感性认知将学生带入中华优秀的传统文化语境，分析我国传统商业品牌文化的精髓	强化学生对中华优秀传统文化及符号的认知，进而坚定“文化自信”。辅以时效公益广告作品，展示广告推动社会文明发展积极的正能量导向

（续表）

课程章节	学时	教学内容	思政元素	时效思政
第三章 广告产业	6	广告的内外环境；广告控制环境中的《广告法》及相关法制体系；广告产业的主体要素（多元）；直播及电商与广告代理制；广告客体；广告产业指标与新业态	通过对《广告法》主旨内容的互动式探讨，将学生带入我国政治、经济与市场监管法制氛围，理解政府通过立法保障人民的合法权益等立法目的，建立法治观念	最新广告违法案例——党和政府依法治国，永远做人民利益的捍卫者之执政宗旨及让广大人民群众享受改革与发展成果
第四章 广告调查	6	调查与广告调查、营销调查的基本概念和相互关系；大数据及应用；SPSS 软件数据分析；广告调查的分类和主要方法；广告效果的表现和分类；广告效果测定的主要指标	通过广告调查中的消费者调研和品牌市场占有率等大量数据，在学生亲身参与中感受和体验人民生活水平的实际变化，进而延伸和分析数据背后所体现的制度感和“四个自信”	新冠“免费”诸数据和建党百年及国庆70周年人民物质生活的巨大变化，理性客观实证在党的领导下我国社会主义制度的优越性
第五章 广告媒介 与融合	6	广告媒介的本质属性和特点；基于融合的广告媒介的价值分析；现代广告媒介策划的内涵、意义和基本流程；数字媒介新业态及全媒介传播观；传媒技术力量对广告传播的影响	以广告媒介——媒体融合逻辑解析党中央关于“媒体融合”发展战略，揭示媒体融合的深远意义，并立足于专业视角阐释利用融媒体平台，传播本土品牌和优秀文化社会效果和经济效益	由学生交流探讨我国新型主流媒体在社会公信力和影响力方面的优势，如《人民日报》、中央广播电视总台等客户端的焕然一新，发挥主流媒体优势

（续表）

课程章节	学时	教学内容	思政元素	时效思政
第六章 广告策划与品牌管理	6	广告策划的本质和原则；广告策划的主要内容和一般程序；广告塑造和维护品牌的功能；品牌学与品牌素养；现代媒介环境下广告策划的品效合一目标；广告预算的基本方法	品牌——国家形象策划；播放《大宅门》第 29 集白老七怒烧假药情节，以阐释老品牌“修合无人见，存心有天知”的品牌诚信文化；品牌拟人化和年轻化迭代升级的人文性	通过国家形象作品解构广告策划的客观与科学逻辑，讲好品牌故事，从中渗透我国从站起来—富起来—强起来的国际形象要素
第七章 广告创意与符号	6	广告创意的本质和原则，国际广告大师的创意方法和经典案例；广告符号的含义和广告表现；网络广告符号新生代；新时代数字媒介环境的广告讯息战略	广告创意的属性是文化符号创意——文化创意，阐释如何基于社会主义核心价值观，扬弃商业世俗品牌传播中的消极因素，传承和发扬历史优秀文化与社会主义先进文化	引申“四个自信”中的“文化自信”。贯彻我国“十四五”规划建议：新时代以改革创新文化创意为发展根本动力
第八章 广告文案与诉求	6	广告的诉求策略；广告文案的界定和创作的基本元素，广告文案的功能与品牌传播机制；广告文案与汉字汉语文化；阐述中华汉语文化作为广告创意资源库的价值和重要意义	通过文字的文案化作品传承中华优秀传统文化；展示中华汉字的文案天赋；运用汉语元素创意文案以传承中华汉字与生俱来的优秀文化禀赋；使汉字成为文案创意用之不竭的宝贵资源	时效文字文案化表情包的举例实证；开发中华汉字巨大的文化宝藏；挖掘汉语符号的能力；传承、创新并赋予本土品牌的文化魅力
共八章	48	课程知识与原理中的思政元素与时效案例（作品）		

从“广告学导论”课程的八章内容中，我们都可以发现其中蕴含的思政元素是一种自然的存在，而非外力附加。在“广告学”专业里，创意是广告的灵魂，传媒技术的可供性为广告赋能。“广告学”专业课程的底层逻辑是通过文

化创意铸造品牌正能量，为广告主体（包括广告主、广告公司、广告媒介等多元主体）和客体（消费者或用户）提供品牌红利。在实务操作中，广告产业链条的每一个环节都面临如何选择的问题：如对广告产品的选择、对广告主的选择、对目标用户的选择、对品牌定位的选择、对广告主题的选择、对广告媒体的选择、对广告创意（故事）的选择、对创意符号的选择、对广告效果评估方法的选择等。教师在课堂上如何讲解？如何引导？直接检验教师是否具有“思政意识”。同样在广告实务环节，广告人也不得不面对“虚假的信息”“现实的信息”和“真实的信息”等问题，永远需要在一个复杂环境里进行价值判断和选择，如图 3–1 所示。

图 3–1　广告人永远面对复杂系统中的价值选择

这些选择都需要分析各种广告市场数据，都需要人为地选择和决策，如是不是采用程序化广告，采用何种算法建模等。在此过程中，广告决策者的专业认知、市场洞察、价值判断、品牌文化定位、广告主题诉求等都离不开消费者或用户心理，离不开民情民意，离不开环境氛围，离不开场景暗示，离不开文化渲染。而这一切的主流导向，应该是围绕社会主义核心价值观的取向。

2.“广告学”专业课程主要内容的教学 PPT

未来已来。新时代坚守在高校教学一线的专业教师需要一种日常性的学术思考：对于新媒介性能和网生性、传播讯息的入口性、大视频终端化的融合性、内容营销的跨界性和品牌年轻化升级的迭代性等，“新时代”意味着什么？

- 新时代意味着数字技术与媒介环境下商业传播的新语境新入口
- 新时代意味着市场竞争同质化后品牌亟待升级与迭代的新定位
- 新时代意味着后“互联网＋”时代社会公众媒介消费的新习性
- 新时代意味着“文化创意＋传统产业”深度融合的文化新格局
- 新时代意味着以新版《广告法》及配套新法规对广告市场的新治理

在没有阐述“广告学”专业理论课程的思政点之前，首先铺设一下“广告学”专业的核心课“广告学导论”共八章的课程内容，包括课程理念、课程思想、课程主要知识点等，以为下面的课程思政切入点作出语境铺垫语义注解。为了节省篇幅，每一章只选用 1~2 张归纳小结性的 PPT 课件，不再排列序号。

课程开语，“广告学导论”课程框架

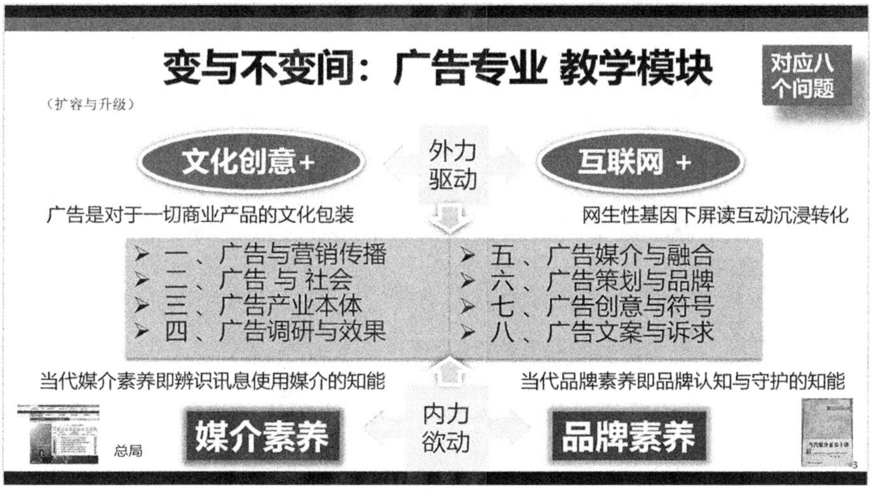

第一章 广告与营销传播

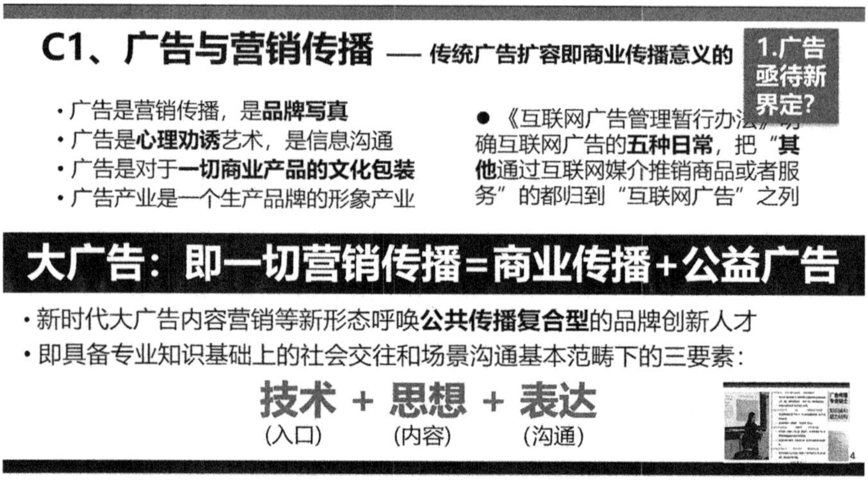

第二章 广告与社会

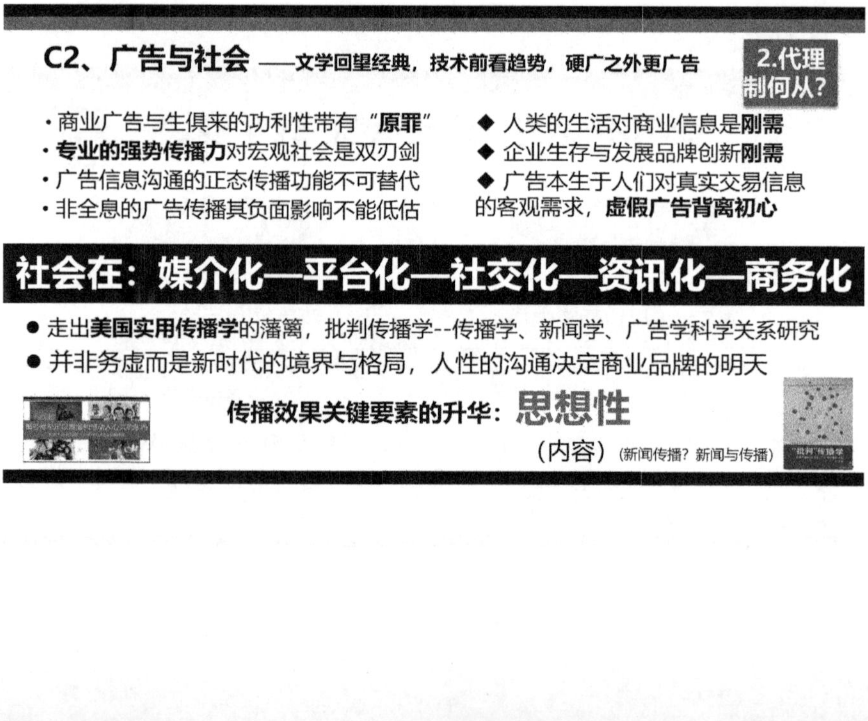

第三章　广告产业本体

C3、广告产业本体 ——互联网上的一切首先都是传播，然后才是其他
3.产业升级的标志?
·广告产业三大主体要素下行衍生出多元
·广告代理制的何去何从亟待于行业自治
·新时代广告产业的信息服务增值并放大
·技术驱动产业新物种新业态开发新价值
◆ 我国广告业被划分在第三……别（流通与服务）中的服务性产业
◆ 广告属于知识密集、人才密集、技术密集的“三密集”产业
◆ 广告还被划归到文化创意产业
广告产业升级进行时：技术驱动——导流新业态
● 互联网催生数据和技术服务等新型专业公司，分工更细化是产业升级必要条件
● 媒介碎片入口多元，广告主的商业信息传播需求更加旺盛，自媒体有担当
● 广告代理公司在产业链中的角色及命运取决于数字时代对专业意义的彻悟
智商 + 智能 = 智慧连接
(专业性)　(技术驾驭)　(心与芯-全用户)
6

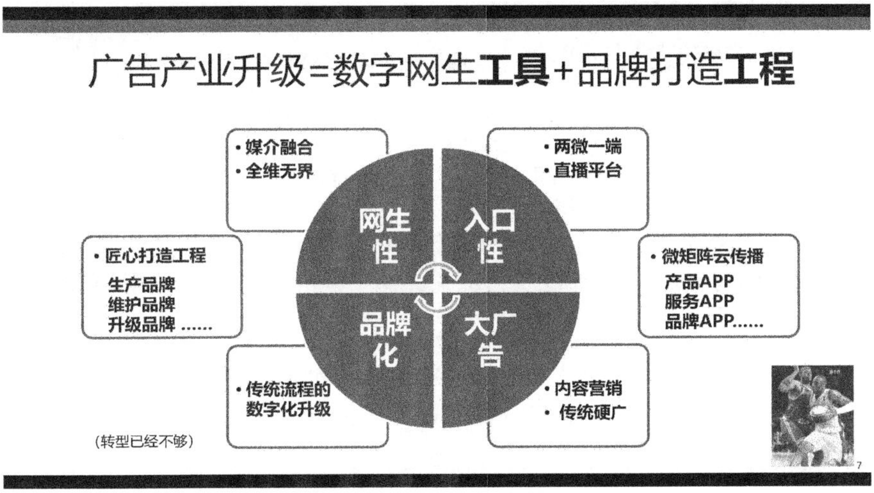
广告产业升级=数字网生工具+品牌打造工程
·媒介融合
·全维无界
·两微一端
·直播平台
·匠心打造工程
生产品牌
维护品牌
升级品牌……
网生性
入口性
品牌化
大广告
·微矩阵云传播
产品APP
服务APP
品牌APP……
·传统流程的数字化升级
·内容营销
·传统硬广
(转型已经不够)
7

第四章　广告调研与效果

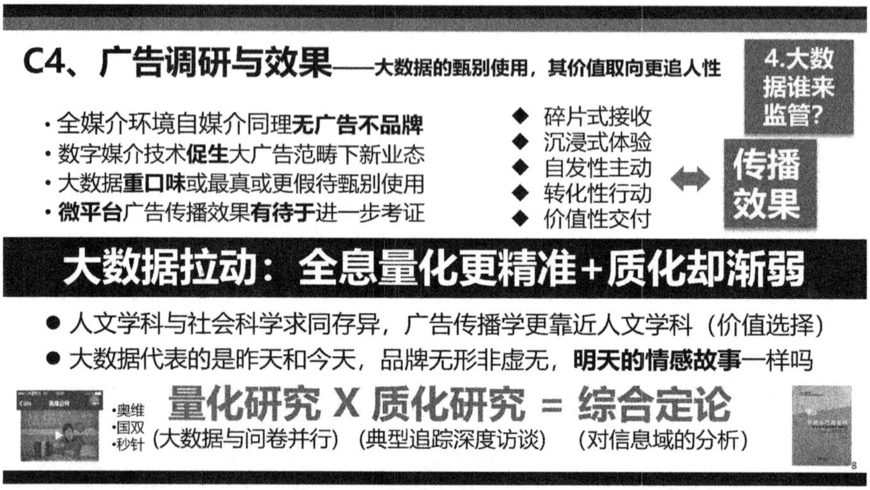

第五章　广告媒介与融合

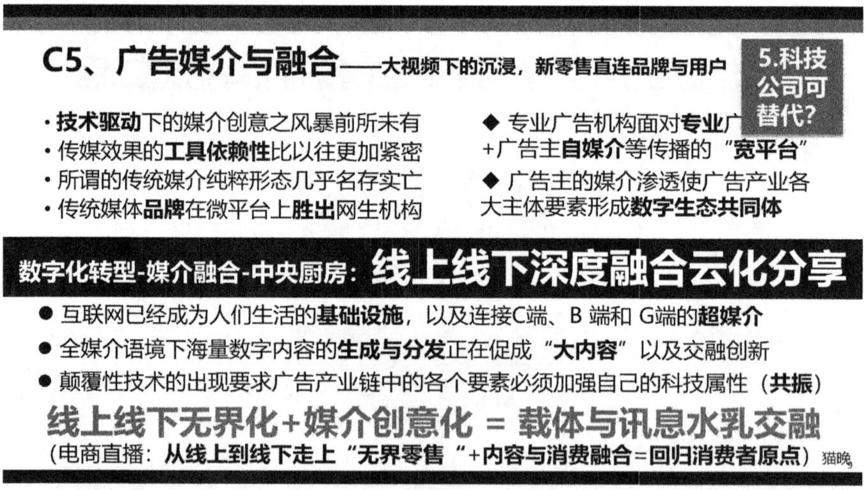

第六章　广告策划与品牌

C6、广告策划与品牌——内容+消费的渠道下沉从拔草产品到种草品牌
6.策划与招数套路?
·商业企业恒常发展的核心因子归于品牌
·只给好产品做策划方诞生好口碑大品牌
·技术社会发展的新引擎由互联网渐向 AI
·品牌发展的阶段性追求商业愿景的升华
◆ 策划的功力在于围绕品牌信息整合、媒介融合以及人气聚合
◆ 科学缜密的策划要运用工具理性具备形式逻辑思维和批判性思维
内容营销场景：品牌的差异性+人格化+大格局=变现能力
● 广告策划着力于整合各方资源，将终端触点上的媒介受众转化为品牌用户
● 奥格威："每一次广告（营销传播活动）都是对品牌形象的长期投资"
● "重要的事情说三遍"不是重复而是升级实现品牌创新元素组合下的迭代
品牌利益 in 用户生活场景 = 重构品牌价值以升级
(深度置根)
(跨界内容营销)
(从低端补贴到人格化高端胜出)
15

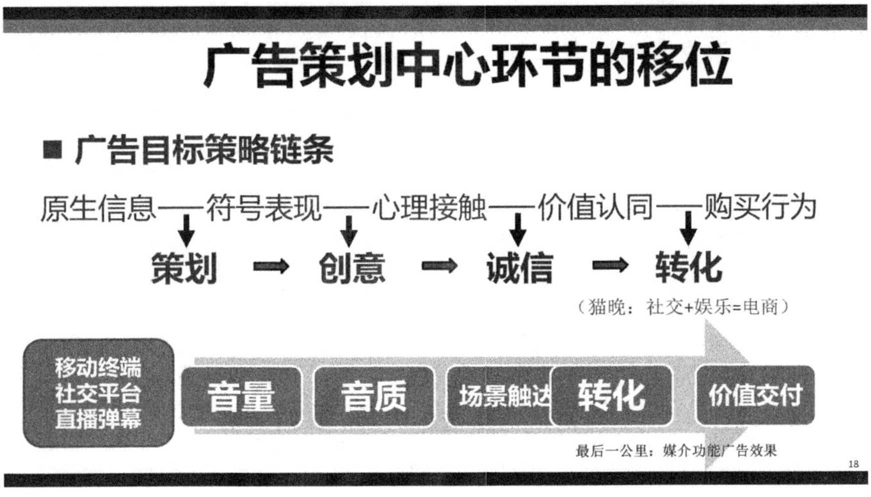
广告策划中心环节的移位
■ 广告目标策略链条
原生信息——符号表现——心理接触——价值认同——购买行为
策划 ➡ 创意 ➡ 诚信 ➡ 转化
（猫晚：社交+娱乐=电商）
移动终端
社交平台
直播弹幕
音量
音质
场景触达
转化
价值交付
最后一公里：媒介功能广告效果
18

第七章 广告创意与符号

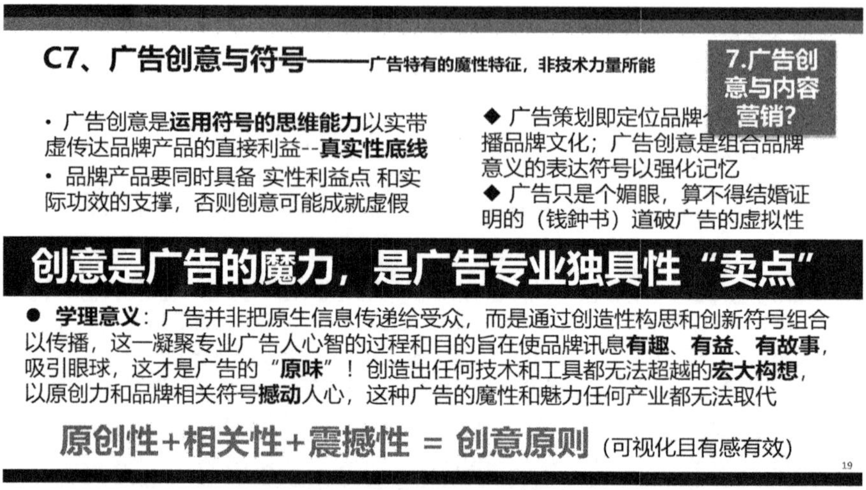

第八章 广告文案与诉求

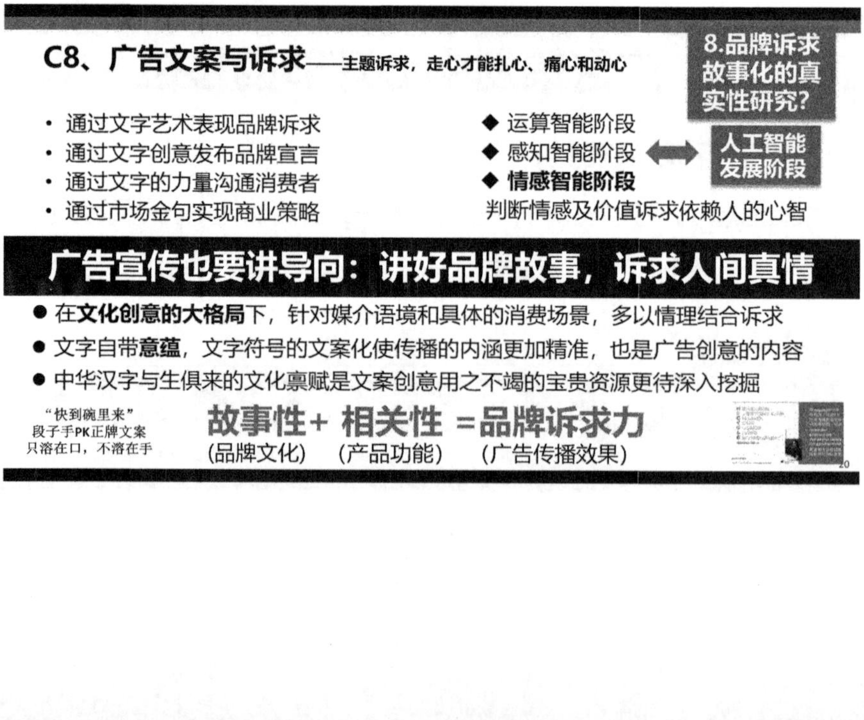

3.“广告学”专业的课程思政元素

在高校传媒类专业教学中，直面学生的首先是教师备课的主要成果——PPT课件（以下简称“PPT”）。课程的思政元素如何体现在PPT里，在讲授专业知识或原理的过程中如何实现“课程思政”？这不是专业教师能否完成“政治任务”的问题，也不是在课堂上“附加型”平添思政话题的方式，不是做加法；不用牵强附会，更不用生拉硬扯喊几句政治口号。如何让思政元素与课程内容不是“两层皮”，这要求教师在前期有通透的专业知识领悟，清晰的时事新闻和政策理解，在备课的过程中精心设计，实现专业知识点与典型案例的最佳匹配，找准切入点，随即揭示课程内容的底层逻辑，隐现思政要素和观点。

PPT是教师的基本功，无论你下不下功夫。当教师打开PPT那一瞬间，学生便会对这位教师有一种“水平—专业—用心”与否的印象，甚至产生首因效应。一张好的PPT是不需要用模板的，因为教师要展示的内容，只有他（她）自己知道。PPT的作用是吸引、收纳、聚焦学生的注意力；导入、引领、带入课程的内容；开启、激活、引发学生的思维，即抓住学生。下面以“广告学导论”课程为例，直接选用笔者在教学课堂使用的PPT加持以上观点。

课程PPT1. 以最强相关性的打开方式讲进入课程：你在上大学吗？

思政点： 入课教育，使学生进入一个积极的专业课程学习状态。

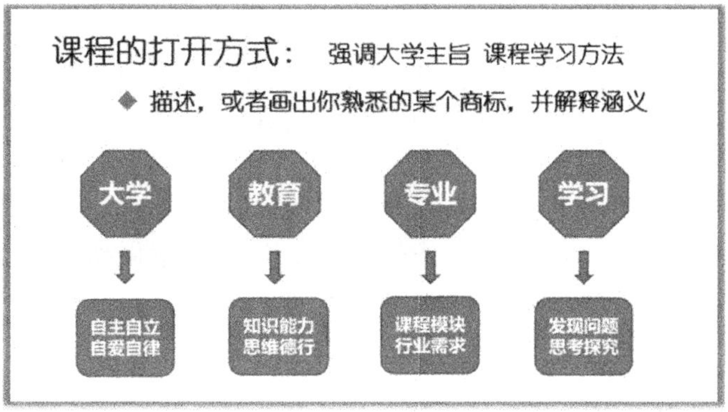

课程 PPT2. 以时效性思政话题作为课程开语：最近你参与了哪些活动？

思政点： 通过 LOGO 解构党史史实及专业符号的意义。

课程 PPT3. 以日常性专业话题带入专业内容：你们都见过的校徽有何意义？

思政点： 讨论学生熟悉的校徽符号及意义，给学生爱校爱专业的依据。

课程 PPT4. 引用学生自发反馈性原话辅证课程的价值和意义。

思政点： 用学生原话具有更大的说服力以展示课程价值。

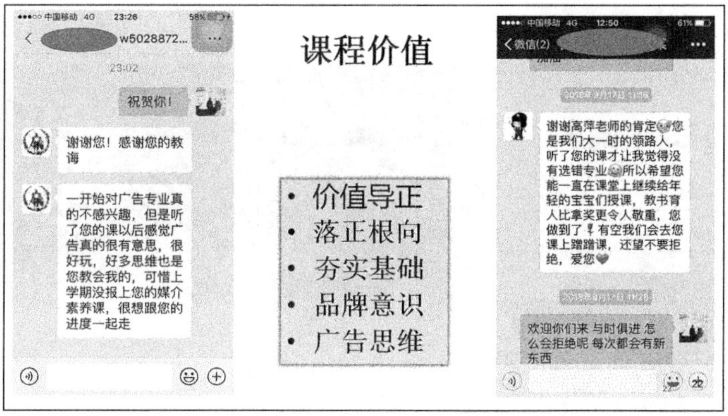

课程 PPT5. 以典型正例有感符号直入课程的核心：广告是生产品牌的产业。

思政点： 通过阐释广告诉求弘扬科技实力型本土企业的品牌精神。

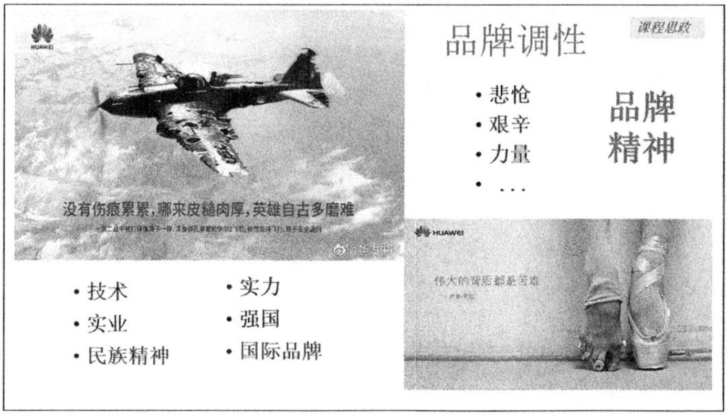

课程 PPT6. 以反例作品揭示产业界的问题：广告的“山寨”现象已经背离专业要义。

思政点： 用批判性思维解构作品，批判“山寨”作品甚至虚假广告的负面影响。

课程 PPT7. 用广告校友现在时的专业精神激励在校学生学好专业课程。

思政点： 激励大学生在校认真学习，以求终身享受专业红利。

课程 PPT8. 引用时效网红形态阐释广告创意文案的专业导向。

思政点： 正题分析广告作品文案，侧面展示大学生爱校与爱国情怀。

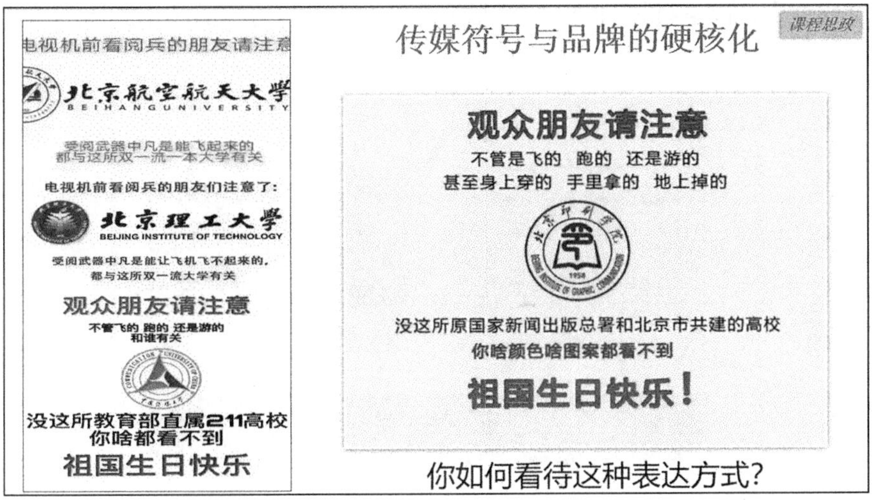

课程 PPT9. 引用时效热点故事阐释传媒品牌与仪式感关系的广告课程内容。

思政点： 来自大山里的孩子能走向国际舞台所隐喻的中国精神。

课程 PPT10. 课堂启发性提出问题：引导学生思考专业人如何做好专业事。

思政点： 以学科知识导正学生的专业价值观，以打造品牌正能量。

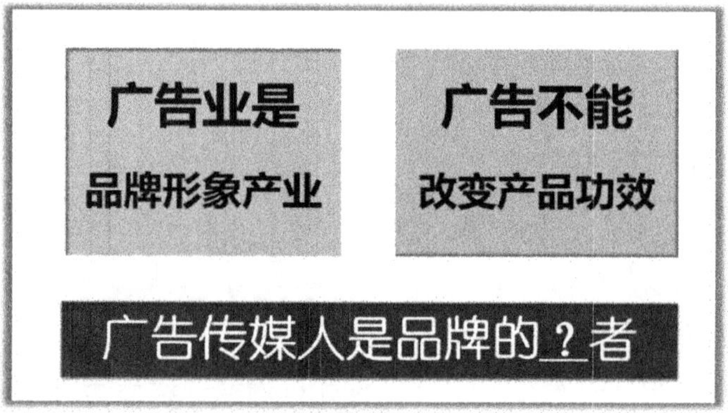

课程 PPT11. 以正文严肃正告学生商业广告的“原罪”及“双刃剑”作用。

思政点： 强化“广告学”专业学理逻辑上的诚信守正品性。

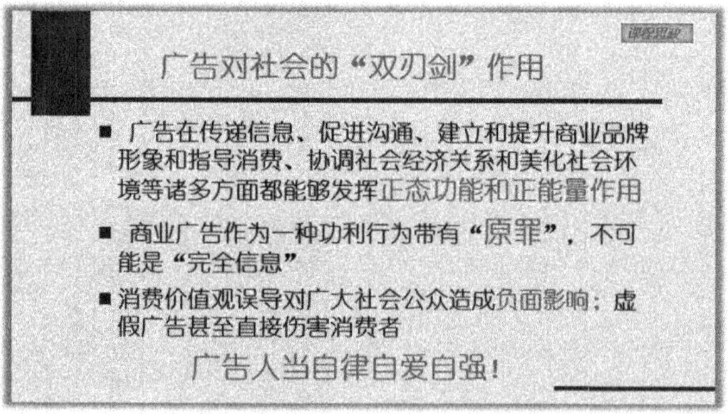

课程 PPT12. 毕业校友作为国家级贫困村的第一书记带领村民脱贫的故事。

思政点： 以学以报国和专业的力量，响应党的号召为人民做实事。

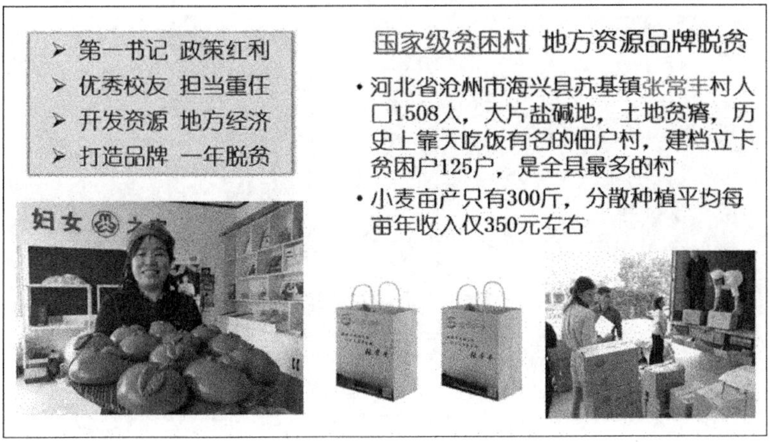

课程 PPT13. 国家的品牌发展政策对广告人既是鞭策也是专业责任和义务。

思政点： 重识“广告学”专业在“中国品牌”发展战略中的作用。

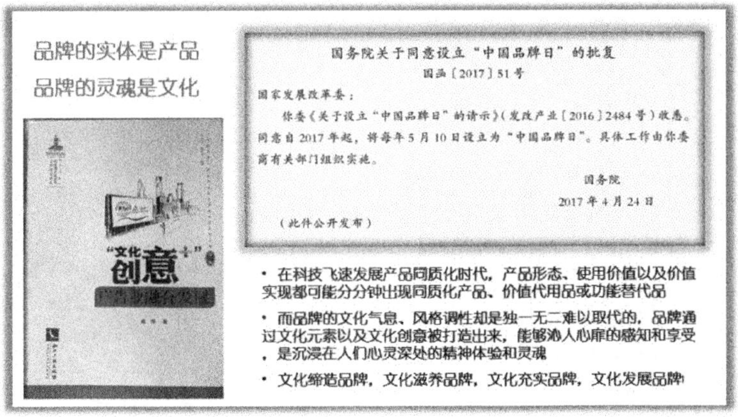

课程 PPT14. 通过电视剧《大宅门》的精彩场景再现老字号的品牌精神。

思政点： 无论是老字号还是新品牌，持守诚信是市场“铁律”。

课程 PPT15. 故事化案例引用：挖掘地方文化元素，打造城市品牌形象。

思政点： 运用专业知识与能力塑造城市的国际化品牌是广告人的重要责任。

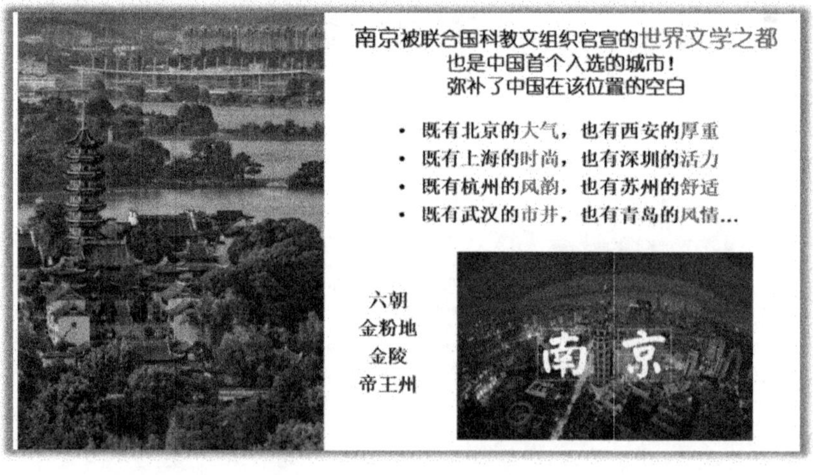

课程 PPT16. 学科知识与新业态的对接：学生讨论广告与流量和品牌的交互关系。

思政点：与时俱进的理念和思维方式助益提高学生终身的学习能力。

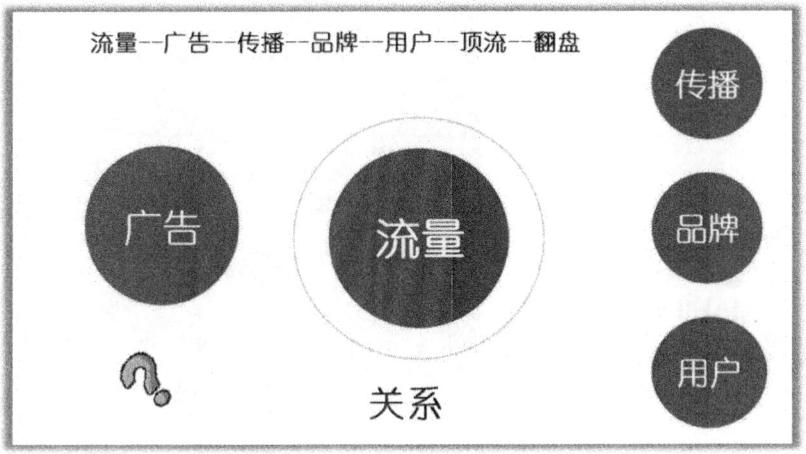

课程 PPT17. 时效性及时政性案例：新时代传媒技术的突飞猛进带来的正负效能。

思政点：“广告学”与国内外大事的关联性与专业服务点。

课程 PPT18. 以“广告学”专业里的品牌经典案例展示文字与场景的广告能量。

思政点： 挖掘中华汉字符号作为文化创意元素的能量。

课程 PPT19. 以品牌经典案例展示广告文案中“一语双关”的汉语言力量。

思政点： 挖掘汉语言文化符号的潜在能量，传达反对战争的立场。

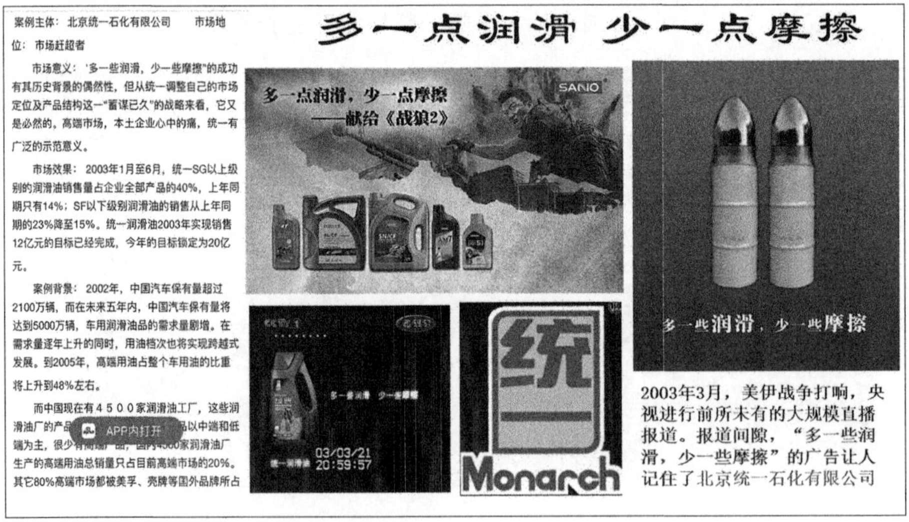

课程 PPT20. 广告的专业力在于洞察需求创意诉求给予品牌文化一种沟通力。

思政点： 挖掘日常活动中汉字表达的正能量并赋予其品牌文化意义。

课程 PPT21. 解析我国广告人与汉语言文字源远流长又幽默诙谐的情愫。

思政点： 通过中华文字的文案化传承我国优秀的汉语言文化。

课程 PPT22. 围绕学生熟悉的中华汉语言文化和符号体系探寻广告创意资源。

思政点： 通过专业知识传承和弘扬优秀的中华民族文化遗产。

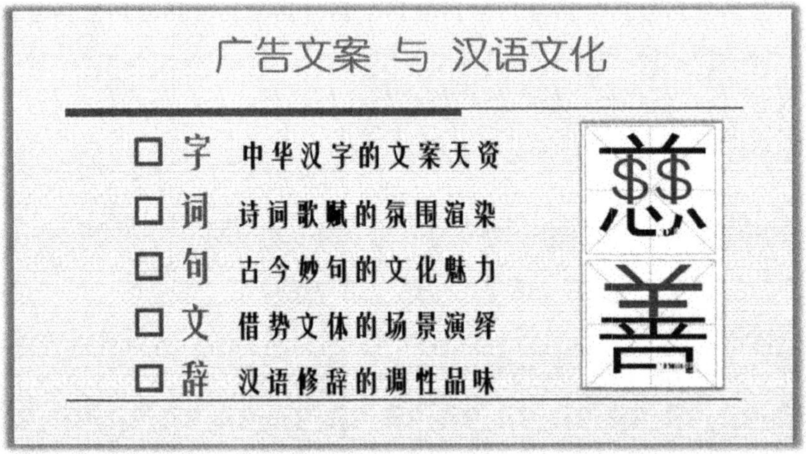

课程 PPT23. “广告学”学科性知识中关于人性心理的恒常规律与创意选择。

思政点： 在批判性思维中关注人性回归人本价值的文化创意修行。

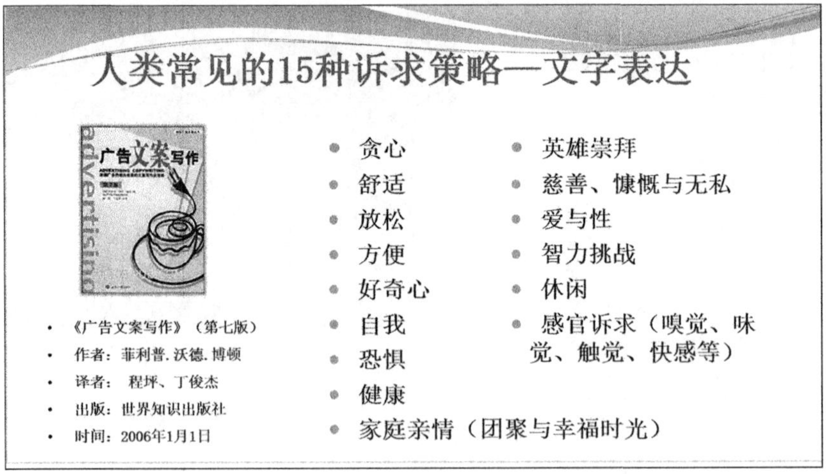

课程 PPT24. 解析当代传媒中“标题党”现象的恶俗性与专业悖论。

思政点：从学理上清除不良传媒现象，还风清气正的网络传媒环境。

从以上 PPT 课件可以看出：任课教师在课堂上讲授的课程内容和作品案例中，都可以有课程思政切入点的选择，都容易找到与课程内容相关的思政点。这就是我们前文所述的关于传媒类教育、新闻传播学学科类专业与生俱来的思政基因，只要任课教师去主动选择、主动挖掘和主动驾驭，就可能收到课程思政的效果。

当然，在专业课程中的课程思政，思政内容可能是碎片性的，点点滴滴的，不足以形成强势的，但这应该正合任课教师的本意。毕竟，专业课程有其自身的教学目标，在知识逻辑中的思政元素，不会影响课程本身的整体性和系统性，恰能给学生一个立体的、有血有肉的、能够落地的、使学生可体验的理性与感性结合的知识综合体。这种学习收获使学生在兴趣上大于纯粹课程知识，在理解上更加硬核、更加心悦诚服且有助于记忆，其课堂效果要高于单独的课程知识讲授，也高于单纯的思政课程教育。不仅“广告学”专业课程如此，其他传媒类教育的专业理论课程也应如此。

三、传媒类专业的课堂教学与思政意识

传媒类专业课程自身具备与生俱来的思政元素，近年来我们党和政府对传媒领域提出了明确、具体和更广泛的政治要求：对新闻舆论工作各个方面、各个环节都要坚持正确舆论导向。各级党报党刊、电台电视台要讲导向，都市类报刊、新媒体也要讲导向；新闻报道要讲导向，副刊、专题节目、广告宣传也要讲导向；时政新闻要讲导向，娱乐类、社会类新闻也要讲导向；国内新闻报道要讲导向，国际新闻报道也要讲导向。作为高校传媒类本科课程的教师，这些“导向”的意义将在自己的意识形态中留下深深的烙印。

（一）传媒类专业教师的意识形态与课堂思政氛围

1. 传媒类专业教师需要成熟的意识形态

“如果某一刻，你撞进了一个正在吃播的直播间，恰好遇到一位胖型身材，且在大快朵颐的主播，吃得很香，说个没完……我想问的是你的感受如何？你真的喜欢看这种‘吃播’吗？你真的觉得直播的产品好吃吗？你真的能够有滋有味同这位主播一起分享这个美食场景吗？”这是某天笔者在全校公选课程“媒介素养”的课堂上，连续向学生提出的问题。期间学生自愿回答，答案里持否定态度的多，持肯定态度的少，与作者之前预料的一样。多数同学看到如此场景是不喜欢的，甚至感到不舒服。“反正感到说不好哪里不适”“如果老师不这样提出来，我们之前也没有意识到什么，现在一想确实有些不妥”。当然随着相关政策的出台和传媒舆论的引导，这类“吃播”越来越少了。但是当初，“吃播”的主播间依旧吸引着不少粉丝，多数人尚处于“无意识”状态。那么如果“有意识”，我们该意识到什么？这里并非要将此题上纲上线，也不是“泛思政”化，但确实会涉及一个人人都客观存在，但可能无意识的“意识形态”概念。

“意识形态”是我们每一位个体人与我们存在的真实状况的想象性关系的再现。意识形态不是对于某个具象的“再现”，而是决定如何选择和组合媒介语言符号以实现传播目标的一套“机制”。所谓“机制”是指一个系统内部或平台各要素之间的结构关系和运行路径，是使该系统持续产生有效功能的实现方式。如新闻的排序、春晚的节目单、综艺的主题、媒体评论的导向；娱乐口播广告的时间，电视剧植入广告的位置，媒体实况直播背景信息的设计等，都是在某种意识形态的支配下构建起来的。如上，“意识形态”并不是一个完全具有政治意义的术语。媒介符号的构连组合和呈现的现实都能投射出传媒机构或传播者的意识形态。

在直播要素的构连组合中发生作用的是传播者的意识形态。我们只是需要一个对“吃播”的反思（不想深批重判）：由于产品的好味道，就有足够的吸引力令人饕餮不禁，如果从产品的广告营销上看这类直播似乎没有什么不妥，但稍微发散一下思维就不难想到，当今人们尤其是年轻人追求的只是好味道饱口福吗？答案当然是否定的。从社会心理和身心健康的角度看，这种“吃播”如何能够形成一种联动促销的机制，实现广告主投资的回报率？尽管个别产品的吃播达到了销售目标（假设），但若从长计议，当代社会追求美貌和身材的妙龄男女，有几个会流连忘返这样的“吃播”节目呢？如果这类“吃播”遇到一位在意识形态上非常成熟的传媒类专业教师，他很可能会利用专业逻辑直击该类直播的命门。

2. 传媒类专业课堂的思政氛围

如上文案例所证，意识形态并非只对应政治关系，但是在意识形态里必须具有政治立场、政治原则和政治底线。作为传媒类专业教师，在其意识形态成熟的过程中会不断增强自己的思政意识，反映在传媒类专业理论课的每一门课程上，都可以从容地捕捉到思政元素，形成一种自然的课程思政的课堂氛围。

例如，2020年初，突如其来的新冠肺炎疫情使高校师生无法正常返校上课，不得不通过各种线上平台实施网络教学。不少高校教师选择了腾讯公司在2019年12月底才上线的一款音视频会议软件——腾讯会议，笔者也在其列。

面对还未适应线上授课的学生，教师在“媒介素养”课程开学的第一章第一节第一课的PPT上，就对学生提出了这样一个问题：腾讯会议是什么？价值何在？大学生有各种回答……随即，教师通过课件介绍了腾讯企业的高管在为腾讯文化出品的年刊中的一段文案：“我们要以一种用户的心态去本能地捕捉用户价值，不是理性，而是本能。”继而，教师引导学生去理解在新冠肺炎疫情暴发后，腾讯为什么能快速推出“腾讯会议”及相关产品和服务，帮助到数以亿计的人和大量的企事业机构，解决人们在被居家隔离的情形下大量的生活、工作和学习问题。最后进一步拓展和提升：“腾讯会议”是一个媒介工具；是一件公共产品，其功能和价值请同学们在自己的学习和生活中不断体验，完善结论。

开学第一课列出如上问题，这是面对现实的切入点，也是感性体验中的切入点；这是课程的引题，也是媒介素养知识的切入点；这是“对分式”课堂的门槛，也是学生进入独立思考状态的转折点。总之，学生被带入了相应场景，开始各种回答。在诸多基本靠谱但都不够精准深刻的学生反馈后，教师开始提炼总结、纠偏正解，最后从“腾讯会议”作为一种媒介工具性质的公共产品上升到其对社会及各种机构（包括高校线上课程的现在时）的功能作用和价值意义。于此，学生便自发提出了各种“腾讯会议”的积极贡献。老师再将学生引导到关于互联网“大厂”，关于传媒属性的技术公司应该做什么、不能做什么等问题。这里不再赘述，作为传媒类专业的大学教师自有心得。

这就是一种具有传媒类专业课程特色的课堂思政氛围。课题内容自然带入，学生直接身心有感，不牵强、不生拉硬扯，然后直接阐述知识点或原理以归纳或演绎，知识硬核，学生信服，思政入心。当然，这需要教师在备课环节的教学设计，要经过通透的知识升华并开花落地。思政，就在传媒类专业课程的底层逻辑中，也在学生日常的媒介生活里，只要教师有足够的心智进行构连。

（二）传媒类专业理论课程的课堂效果与互动教学

“课堂效果”，这是一个对高校教师，尤其是刚上讲台不久的年轻教师或新晋教师较为敏感的一件事：这个概念表达足够检验教师的教学水平，反映学生的学习态度。在高校，即使一些科研成果颇丰，或已经身居要职的高校管理者也未必能够驾驭好课堂，沟通好学生。然而，讲台永远是一个神圣、庄严，不容怠慢的地方，担负着对课堂上所有学生言传身教之责，无论是线下还是线上。作为任课教师，你所担当的不仅是按照课程大纲，按照教学日历的计划，把课程内容传导给学生的任务，更有教书育人，沟通心灵，给予学生知识学养、政治素养、道德修养、文化涵养的正态人格养成。如此，从课程启动那一刻，就应该进入状态。伴随课程内容的有效推进，教师不断利用知识和人格的力量激活学生的主体性，学生通过启发式提问、参与式教学，在教师的主导下进入最佳学习状态，使课堂进入一个学生主体，教师主导的教学氛围。

1. 传媒类专业理论课程的导入与教学进程

传媒类专业理论课程的导入有各种方式，教师可以选择一个最新的时效新闻或学生最新熟悉的传媒产品聚焦其注意力，并“种草”埋下种子，在课程进展的后期彼此呼应，随即尽快切入课程正题。遵照本科教学“高等基础性”这一要求，课程内容一般要从概念讲起，可称为“概念启动”。即“教师从课程的基本概念入手，循序渐进引出课程内容，并层层递进分析讲解的教学方式。概念启动因其逻辑严密，有利于学生建立系统的基础理论和完善的专业知识体系，而被本科教学，尤其是理论课教学所首选。”[1]

学科知识中的“概念”，都应该是经过学术研究领域严格界定过的表述，有内涵、有逻辑，有理性硬核，能让学生感受到“知识的力量”和课程的新鲜并引发好奇心。有的概念学生虽然熟悉，但不一定清晰，这种情况下，建议教师运用比较和鉴别等方法，帮助学生打好扎实的基本功。例如，教师在给“广告学”专业的学生讲《中华人民共和国广告法》之前，首先会提问“法律”意味着什么？以领悟《广告法》的重要意义。从学生的回答中发现，他们对法律、法规和规章这三个概念根本分不清，上学至今也没有课程讲授过什么是法律（学生的反馈），对于非法学专业的学生很难分清“法律”“法规”和“规章”这三个概念。教师便通过课件显示，使学生一目了然。

- 法律：是指由全国人民代表大会及其常务委员会依照立法程序制定的规范性文件，具有普遍的约束力和强制力
- 法规：是指国务院依据宪法、法律、法令制定的规范性文件的总称
- 规章：是国务院各部门依据法律、法规制定的有关行政管理、行业管理等方面的各种规则、章程、制度的总称

有时越是常用的概念越容易忽视其准确意义。例如，什么是分析，什么是归纳，如何归纳等，教师特意借助“媒介素养”课程对常用的技能要素进行解读。

- 分析：将一条讯息分割成为有意义的多个元素，探索之间的关系
- 评价：判断每个元素的价值，将讯息元素与某些标准进行比较之后得出结论
- 分类：将某方面相似的元素归为一类，找出各分类与其他分类之间的区别
- 归纳：先根据小系列元素共同特征分类，再根据所有元素的特征抽象和概括
- 演绎：使用归类之后的模式对各个元素及其之间的细节特征进行解释

---

[1] 参见中国计量大学标准化学院原院长李丹青讲授的专题“研究生与本科生培养差异点辨析及把握”。

- ◆ 综合：将所有的元素重构，或重新组合为一个新的知识结构
- ◆ 提炼：建立一个简洁、清晰且语言简练的描述，以准确抓住传媒讯息的本质

新时代是一个视频时代、读图时代，在PPT课件中使用大量的图片或插播具有教学意义的视频是必需的。然而在有些环节，视频、图片和文字却不能相互替代，因为它们在传播效果上确实存在差异。比如，如何对学生讲清楚什么是“程序化广告”，在运用了几张图示分析“Ad Exchange”（广告交易平台）的运作机理之后，一定要回过头来从学理逻辑上，用文字表述这种“程序化广告”与一般广告的不同之处。例如，程序化的本质是让广告展现在每一个人面前的时候，令人觉得这并非一条广告，而是一条可用的信息（阳狮锐奇公司关于“程序化广告”的定义）；在采购广告方式上，不是以广告位为标的，而是以受众个体作为标的——当受众来到某个拥有程序化广告位的网页所看到的广告内容——根据目标当下的个人情况与兴趣决定；平台优化目标需要的现代技术：数据抓取的技术、大数据分析与应用技术、营销系统与数据整合的技术等。

因为只有文字才能清晰界定“程序化广告”与其他广告的不同之处，即使学生一时难以理解，也可以通过课后的反复回看，逐渐领悟概念的本质。为完整表述一门课的教学进程，笔者将“广告效果研究”（《普通高等学校本科专业类教学质量国家标准》规定的课程）的教学大纲主要内容罗列如下，供读者在专业教学内容与思政要素有效对接方面予以参考。

《广告效果研究》课程教学大纲

英文名称： Advertising effectiveness evaluation

课程编号： U323320

课程类别： 专业选修课

适用专业：广告学

总学时：32

其中：理论讲授学时 30 学时

期末复习与考核：2 学时 课堂开卷

学分：2 学分

一、课程的性质、目的和任务

广告效果研究是广告学专业的选修课。课程目的旨在通过广告传播效果评估的知识体系和基本分析方法，使学生了解广告投入与产出的因果关系。课程的任务是强化广告学专业学生的广告效益概念，关注广告传播效果，从中理解广告产业与企业效益的关系。课程将有助于学生从投资与收益的因果关系中理解企业及各类广告主的广告投放活动，提高与广告主（广告客户）的沟通能力，掌握广告效果评估的规范，从而更加科学有效地掌握广告主提供策划和广告执行计划的一般方法。

课程思政的教学目标：通过广告传播的效果分析，甄别广告传播活动中的正能量与负能量；关注不当甚至不良广告元素的传播对于宏观社会和广大媒介受众的消极作用；贯彻“广告也要讲导向”的精神，遵循广告传播的心理学和教育规律；科学理性地分析“流量”和“品牌”之间的经济效益关系；引导学生通过优秀广告文化元素的有效创意与传播，以广告的社会效益拉动经济效益。

二、课程教学内容与基本要求

第一章　广告效果范畴（4 学时）

1. 教学内容

包括案例在内的效果研究方法；广告效果范畴的内涵，以“转化”为核心理念的广告效果研究的底层逻辑；现代技术对广告效果的影响；广告效果评估的研究模型、新语境的效果影响因素及构成广告效果的基础元素等。

课程思政切入点：以“广告也要讲导向”作为课程开语，引发学生讨论为什么商业广告传播也要讲导向？强调广告经营作为媒体工作的重要一环，必须旗帜鲜明讲政治、讲导向，始终坚持正确的政治方向和舆论导向。

2. 教学重点与难点

重点：广告效果的含义和广告效果的类别。

难点：广告效果评估的模型。

3. 教学基本要求

（1）了解广告效果评估的类别。

（2）掌握广告效果的主要特点。

（3）熟悉新的广告媒介平台其广告讯息的传播效果。

4. 作业与思考题

（1）作业：可能影响广告效果的因素都有哪些？

（2）思考：你怎样理解“广告效果”这一范畴？

第二章 广告的社会效果（6学时）

1. 教学内容

以社会宏观视角分析广告社会效果的质化属性和宏观表征；广告文化效果的多元性及正、负两个方面的社会影响力；广告社会效果一般测评视角与方法；基于社会效果视角的《广告法》与广告的真实性辨析；“网生性”媒体与媒介融合的广告品牌传播学意义；公益广告创作的基本理念。

课程思政切入点：本章的整体内容设计就是以广告社会效果的正能量传播为评估要点，从广告的真实性与品牌诚信度，以及广告对社会政治、文化艺术、伦理道德等方面所产生的影响等方面阐述广告价值的政治导向、法律规范、伦理道德和文化艺术标准，坚持政治站位，坚定“文化自信”，在媒介融合的语境下辅以更多公益广告作品分析，以展示广告正向且积极的社会影响力。

2. 教学重点与难点

重点： 广告文化效果的影响力。

难点： 广告的宏观经济效果测评。

3. 教学基本要求

（1）了解广告社会影响的质化属性及引领性效果。

（2）掌握广告文化效果的双向影响作用。

（3）了解媒介融合的广告品牌传播学意义。

4. 作业与思考题

（1）作业：举例说明广告文化效果的双向影响作用。

（2）思考：媒介融合语境下广告的宏观传播效果与社会意义？

第三章　广告的心理效果（6 学时）

1. 教学内容

广告心理效果测评的注意率、记忆度、态度改变和唤起购买行为的四个测评指标；广告心理效果测评之过程与体验；广告心理特征规律，包括广告受众接收信息的感知、需求和行为等心理特征，广告受众接收信息的选择性注意、选择性理解和选择性记忆等行为特征。关于广告心理效应的模型与模式，包括广告心理效果的经典模型及历史发展脉络等。

课程思政切入点： 遵循广告传播的心理学和教育规律，引导学生通过优秀广告文化元素的创意与传播；解释广告科学性与人文性的有机统一，通过正确的“三观”要素分析体验受众在选择性注意、选择性理解和选择性记忆等环节如何汲取正能量。

2. 教学重点与难点

重点： 广告心理特征规律。

难点：广告心理效果测评的四个指标。

3. 教学基本要求

（1）了解广告效果测评指标。

（2）掌握广告心理特征规律。

（3）理解广告受众接收信息的心理特征和行为特征。

4. 作业与思考题

（1）作业：利用广告心理效果模型分析三个品牌广告的心理效果。

（2）思考：广告中的哪些因素能够引起广告受众的选择性注意。

第四章　广告的经济效果（6学时）

1. 教学内容

广告的经济效果是通过广告品牌产品的销售效果实现的；广告销售效果的评估模型；广告销售效果的统计分析方法；数据的客观性和有限作用；“流量”和“品牌”价值之间的辩证关系；在现代媒介环境下大数据监测广告效果所使用的基本概念。

课程思政切入点：坚守数据的客观性原则；科学理性地分析“流量”和“品牌”之间的关系，揭示只有广告创意中关于“三观”的正能量传播才可能正态提升广告主企业的经济效益；以“鸿星尔克”（或最新案例）等展示品牌社会效益对经济效果的拉动作用。

2. 教学重点与难点

重点：广告销售效果的评估模型。

难点：广告销售效果的统计分析方法。

3. 教学基本要求

（1）了解数据的客观性和有限作用。

（2）掌握广告销售效果的评估模型。

（3）理解“流量”和“品牌”价值之间的辨证关系。

4. 作业与思考题

（1）作业：“鸿星尔克”品牌的社会效益对经济效果的拉动作用。

（2）思考：“流量”和“品牌”之间的关系。

第五章　大视频广告效果的测量（6学时）

1. 教学内容

在“全媒介”前提下关于大视频的界定、分类与特征；大视频时代大视频广告传播的社会效果；以及传统的电视进化为互联网电视后其传播价值的升级；媒介可供性理论的应用。脱胎于电视广告的单屏广告的传播效果测评指标和“三打理论”；单屏互联网广告的测量指标与效果评估方法，简介多屏到达广告的整合测量方法。

课程思政切入点：针对大学生沉浸式的短视频消费，解析短视频平台内容与广告的关联性，阐释正能量把关的必要性；通过案例分析，展示国家级贫困村如何利用线上平台与大视频等全媒介品牌传播实现脱贫的经济效益和社会效益。

2. 教学重点与难点

重点：媒介融合后的“大视频”范畴。

难点：单屏互联网广告效果测评方法。

3. 教学基本要求

（1）了解大视频广告的分类，多屏到达广告的整合测量方法。

（2）理解大视频中的“电视广告”对传统电视广告传播价值的升值。

（3）熟练单屏电视广告效果的测量指标和方法。

4. 作业与思考题

（1）作业：互联网广告效果测评有哪些指标？

（2）思考：为什么说大视频广告针对传统广告而言在传播价值上有所升级？

第六章　广告效果评估报告的撰写（2学时）

1. 教学内容

所有广告效果测量与评估的过程和结果都要通过广告效果评估报告体现出来。包括：广告效果评估报告的要素与结构；广告调查的方法，以及过程资料的统计与结果分析；广告效果评估报告各个要素之间的逻辑关系；报告最后得出的结论及针对结论的建议等。

课程思政切入点：通过对流量数据的理性质化分析等，阐释客观、科学、严谨地开展广告活动与我们中华民族先进文化主旋律相契合的品牌内塑对广告主及整个社会经济发展的积极意义。

2. 教学重点与难点

重点：广告效果评估报告各个要素之间的逻辑关系。

难点：广告调查过程资料的统计与结果分析。

3. 教学基本要求

（1）了解广告效果评估报告的基本要素。

（2）掌握广告效果评估中的广告调查方法。

（3）熟悉广告效果评估报告的结构。

4. 作业与思考题

（1）作业：针对某线上广告做出测评并完成一份广告效果评估的简约报告。

（2）思考：一份广告效果评估报告对于广告主的意义何在？

三、学时分配表

章次	教学内容	学时分配（学时）			
		讲授	研讨	课外作业	合计
第一章	广告效果概述	4			4
第二章	广告的社会效果	4	2	作业 1	6
第三章	广告的心理效果	4	2	作业 2	6
第四章	广告的经济效果	4	2		6
第五章	大视频广告效果	4	2	作业 3	6
第六章	广告效果评估报告的撰写	2			2
考核	期末总复习及随堂考试	2			2
合计		24	8		32

四、课程考核

考试形式：期末开卷。

总成绩＝平时成绩（包括课堂研讨、课业、期中测试等）30%＋期末开卷 70%

五、教材及主要参考书

建议使用教材：《大视频时代广告策略与效果测量研究》，黄升民主编，中国传媒大学出版社，2014 年版。

参考书：略。

2. 激活学生主体性的学生主体性课堂

“专业”是高校为社会搭建的育人平台，“课程”是院系实施专业教学的基本单元，“课堂”是实现课程教学目标的时空场景。无论是线下还是线上都是课堂，现代教育倡导“翻转式课堂”和“对分式课堂”等理念，意在使学生由被动听课转变为主动参与，彻底改变过去“填鸭式灌输”的教学方式。这些都是较为先进的教学理念，无论是新晋的年轻教师，还是在讲台耕耘多年的老教师，都需要与时俱进，不断领悟当代教学理念，不断运用最新科技手段，让课程在一个稳定的培养架构中通过先进的、新式的教学方式“玩转”课堂。

根据本科教学的“高等基础性”和“高等专业性”本质属性（前已叙），本科生的课堂教学要以教师的课堂讲授为主。如何处理教师课堂讲授为主与学生互动的关系，可以从以下几个方面进行课堂设计。

关注点一：如何激活学生的主体性？先有兴趣的凝聚点再有课程的切入点。追剧、看电影、玩手游、参加社团活动等，学生在课外的校园生活是他们自己很在意的。比如，某段时间不少学生都自购影票观看了《长津湖》这部电影，并被其深深感动。恰好教师的“媒介素养”课程要讲影视媒介素养的内容。于是课堂 PPT 展示出《长津湖》的电影海报和相关故事，如图 3–2 所示。

图 3–2　电影《长津湖》海报

笔者接续向学生提出了几个问题：“有谁看了这部电影？”讲台下一片学生回应：“我看了……”“有什么感受吗？”学生各种回答……“那我再问大家，

杨根思是谁？”有同学意识到了我在问什么，显出有点疏忽的紧张表情，有的立即低头查手机，有的陷入思考和回忆中。总之，课堂上几乎没有人无动于衷，随即教师概括了几句，引入正题：关于电影的媒介素养。课堂上学生作为主体，他们的回答、注意力和情绪在影响甚至支配着教师的行为，教师选择和把控着课堂内容的走向、节奏和交流内容，这就是教师的主导作用。当学生感受到教师在不断地引导他们有更多认知的时候，他们会积极回答，并兴趣盎然，态度积极，很容易被带进那种形成学习效果的课堂互动方式中，同时教师也被学生带入一种期待得到满足的极度兴奋状态，思绪会更加活跃和灵动，主导学生从凝聚点、兴趣点到知识点的转化逻辑中。这就是所谓“学生主体，教师主导”的状态。

需要纠偏的是，无论是“翻转式课堂”还是“对分式课堂”，绝不意味着教师的“退居”。谈到要增加课堂互动，有的教师便安排了大量的课堂时间给学生，请他们讲思考题或团队研讨的专题等，学生的PPT会做得很多很好，也会讲很长时间，而讲台下听课的学生却可能越来越少，越来越不感情兴趣，纷纷干起了“私活”。而授课教师，有些却只是坐在下面，没有及时点评、讲评或总结。其收效如何？教师们是有经验或教训的。笔者作为学校督导，曾经讲过近百个课堂，深有体会。一个有学习效果的课堂，学生的参与度要高，但不意味着都由学生主讲，理想的状态是“以学生为主体，以教师为主导”。

关注点二：使学生对教师主导的课堂所震撼、所感动。一个好的课堂，一定是在教师的主导下，学生被教师驾驭课堂的娴熟技巧和话语内容所折服，更被教师的热忱、贴心（或走心、扎心）的专业语言力量所感动。表达出教师自身的见识和志勇，未必刻意形式。形式并不重要，重要的是提出真问题、产生真质疑、启动真思考、实践真探索，给学生真知识和真能力，而不是貌似质疑，貌似思考，貌似探索。千万不要低估当代大学生的洞察与判断能力，他们从少年到青春一路走来，经过了高考的“砥砺前行”，早已熟悉了教师的言行与目的。只有从内心发出的东西才能流淌到心底，经过教师的一切用心之作，能闪耀出带有人格魅力的芬芳，学生嗅得到，看得出，听得进。教师的学识和彰显个性的创造性发挥不仅可以留住学生的注意力，还可能使学生被震撼、被感动。

3. 收获快乐情不自禁的教师主导性课堂

教育是有规律的，高等教育的原理是什么？高校教师在站上讲台之前就应该把这个问题思考并学习到位，面对朝气蓬勃的大学生时就会有一定的心理准备。教学也是有学术可以研究的，讲课有“体力活”的成分，但更是一种心智活动，要求教师有一个良好的心态、机敏的思维、真切的表达、专业的段位。笔者在讲台一站 30 余年，多次感悟到学生的求知欲和传授知识本身的魅力。

关注点一：教师与学生同快乐于 PPT 设计。课件 PPT 是调动课堂情绪的重要元素，无论如何，大学生是时尚派的，是新潮的，他们最热衷于新鲜符号，如“萌”“雷”等，选用适当的符号扣合课程内容，需要教师对自己也要有一个课堂主导目标：今天的课程不留遗憾！今天课程的兴奋点要出效果！故此，在备课和制作课件环节就会非常投入，精心挑选表达符号，如课件 1 所示。

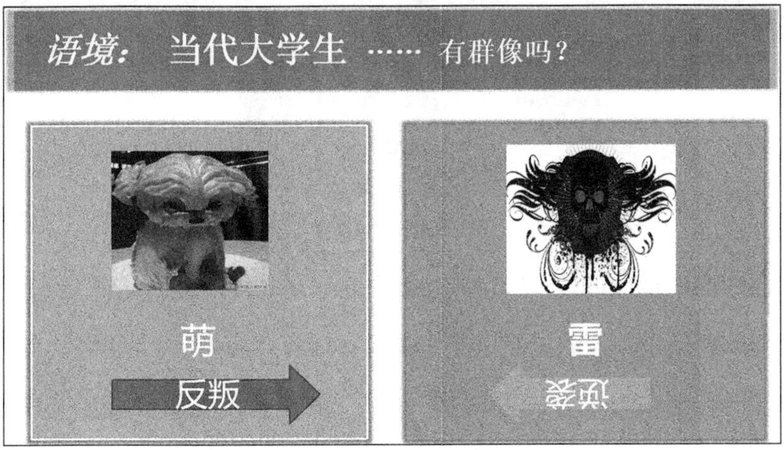

课件 1　当代大学生喜欢的群像

笔者在“媒介素养”课程里讲到“批判性思维”的背景时，必然要谈到批判性思维的主体——在课堂就座的每一位大学生，如何概括他们？笔者从网络流行的“萌”和“雷”两个字给予试探，并确切给出“这些都是养成批判性思维基础元素的利好条件”，以此发挥主导性驾驭课堂气氛，匹配了新生代的性情。看到学生满意的反馈，教师又何尝不是快乐的？这是一种师生共享潮流文化的快感。

关注点二：教师的自信缘于课程教学成果的自慰。课程教学更需要设计，如何运用专业精神的感召力和专业自身的张力抓住课堂上的学生，还是要寻找学生感兴趣的元素。比如，相同专业校友他们的现在在做什么？还在做专业的工作吗？状态如何？同时不能喧宾夺主，弱化了课程本身的内容，如课件2所示。

课件2　毕业十余年的校友在现代职场

课件2是一位“广告学”专业已经毕业十余年的校友，目前在做直播（中图），结束后她在微信朋友圈里抒发了这一刻的直播体验（左图），这个场景与笔者要课堂学生思考的“直播是广告吗”这一课程问题契合着。课堂上的学生几乎都睁大了眼睛，静听着教师的娓娓道来，当教师讲起自己教过的学生，他们正在做着专业领域里最流行的工作时，那种自豪感难以言状。

熟稔专业语境和课程要义，使师生共同沉浸在教与学的体验和感受中。课堂内容既包涵抽象的学术性，又不失生动的趣味性：既不会把学生定位太高，也不会低估当代大学生求知心智。真知识和真实践的挑战性不仅激活学生的学习兴趣，也使教师借课程内容将身心情趣与专业精神融合出“大爱”，在“课课呼应”“人人呼应”“课堂内外呼应”中情不自禁，感受到身为教师的自慰和快乐。

（三）传媒类专业理论课程的思政素材与立德树人

1.“课程思政”素材库建设

近年来，高校教学不断提倡并明确指示，要重视思政课程，并开展课程思政。本书前文已经分析过，对于传媒类专业的理论课程而言，这不是难题。根据笔者的思考和经验，寻找思政素材是关键，可以从课程和思政双向开发：一方面，挖掘传媒类专业理论课自身与生俱来的思政基因；另一方面，从日常媒介接触中随时捕捉相关的信息。可以通过以下四个方面的基本框架构建课程思政素材库。

关注点一：党和国家最新会议精神和路线方针政策。这一框架最容易获取，每届、每年、每次党中央、国务院及各部委、各级政府的重要会议精神，如“党代会”“五年规划”“科技大会”“经济大会”等。这些内容都会在第一时间发布在主流媒体上，高校也会及时组织全体教职工进一步学习。专业教师只要及时将之数据库化，并分析其学理依据，在备课阶段完成从政策制定到学术逻辑的解构，再从学术理论回到实践应用的理性解读，就可以在课程相应内容的课堂上重申并以学术视角的话语解读这些精神和政策。

关注点二：社会主义核心价值观。这是一个高校师生都已耳濡目染的内容，如课件 3 所示。

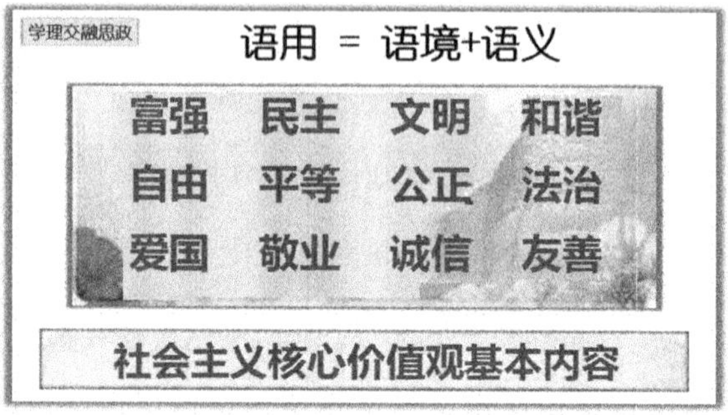

课件 3　社会主义核心价值观

社会主义核心价值观是高校专业课程永恒的思政内容，其中的 12 个词语各自代表一种价值观和人生观，是学生构建“三观”的理念基础，不仅传媒类专业的理论课程容易带入，即使是在理工科和技术类课程内容的原理或机制中，也会有一些构连或隐喻之意。社会主义核心价值观每一个词语的背后都有根深蒂固的传统文化或理性文化基因，都能演绎出无限的中国故事、民生故事或品牌故事，社会主义核心价值观的 12 个词语是课程素材库里常新又稳固的思政元素。

关注点三：日常各类新闻中的先进理念和优秀文化。捕捉日常新闻资讯中的各种正能量，熟悉了解新闻事件自身及背后的先进理念、优秀文化和思想，这是时效性课程思政素材的可持续来源。数字网络技术环境下的全媒介时代，无论是“头条”还是“话题”，每天海量新闻资讯经常使人目不暇接，这里我们可以提出一种选择取向：请特别关注那些具有“仪式感”的新闻。

什么是“仪式感”？ 对主办者而言，仪式感是烘托事件性质，连接或“暴击”观众需求的强势传播。仪式感是人们虽然可做可不做，却因为某些因素而自愿利用媒介而做的，在国内外大事中有传播学的重要意义。对观众而言，仪式感是人们表达内心情感最直接的场景，如一种特殊标记，使人有了更强烈的感觉和体验，能保证达到期待的目标效果。仪式感是一种对抗生活无聊乏味的精神支撑方式。仪式感的形成多缘于约定俗成，以期迭代理念，观赏创新，注重场景的表达。仪式感不是走形式，仪式感无处不在。具有“仪式感”的新闻既可能是国内外大事件，也可能是个体人生的日常，一般都要通过主流媒体在既定的新闻时空得以传播，它的出现可能背景更深远，它的内容可能更有体量，它的意义可能更有价值，它的课程思政可能对大学生更有影响。总之，具有“仪式感”的新闻资讯是课程思政资源库中最丰富的内容。

关注点四：在专业领域出现的业界新成果和优秀专业人（校友）。在传媒类专业课堂举例实证传媒业界出现的创新成果、优秀作品和本土品牌，都是延伸专业教育的正能量传播。专业教师最熟悉本专业在社会业界的生态，比较了解业界发生的大事件，有时直接解构反例也是一种很有说服力的正面教育。

当然，值得介绍的正例更多。比如，笔者在专业选修课“广告效果研究”的课堂上，直接引证了2021年7月鸿星尔克实业有限公司在自身运营已经十分艰难的情况下，还是拿出最大的诚意，为河南灾情捐献了5000万元的物资。当这一行为得到网友们“买空”般响应后，鸿星尔克再次出手，于2021年8月又向河南博物馆捐赠100万元，这些善举及结果直接诠释了什么是“大广告”，直接印证了广告的社会效果是怎么产生的，直接展示了广告社会效果与经济效果的关系。这不是妥妥的课程思政吗？如课件4所示。

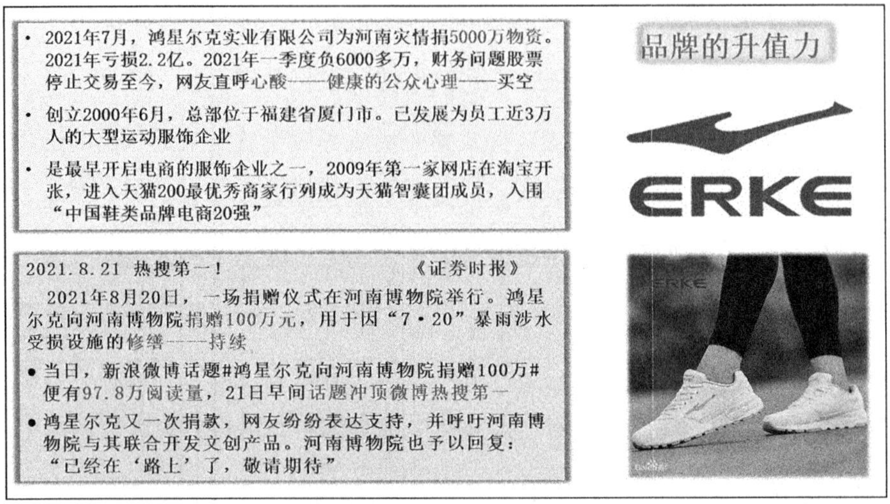

课件 4　鸿星尔克社会善举的品牌升值力

企业或品牌善意和正义的事迹与专业的强相关性，是课程理性的思政素材。此外，与大学生更息息相关的专业校友讯息，也是学生非常期待的。建立毕业校友信息库，把平时他们在微信等平台上的信息及时收纳并跟踪，哪怕是一点点的进步和成绩，都有可能让在校生兴奋，这是有激励作用的课程思政素材。

2. 课程教学与立德树人

当代媒介素养是传媒类专业学生的终身修炼。以此为基础，他们才能够在人生不同的阶段自觉学习，充实生活，撑得起自己所在的传媒职业和岗位工作。浩瀚宇宙，苍茫人间，现实世界的各种迷离还未得出口，就不得不又入虚拟迷幻的数字世界。怎样把握每天只有 24 小时的时间资源，高校教师需要通过课程帮助大学生开启智慧，如何在应接不暇案牍劳形的忙碌中能够掌握举重若轻、拨云见日的方法论。如课件 5 所示。

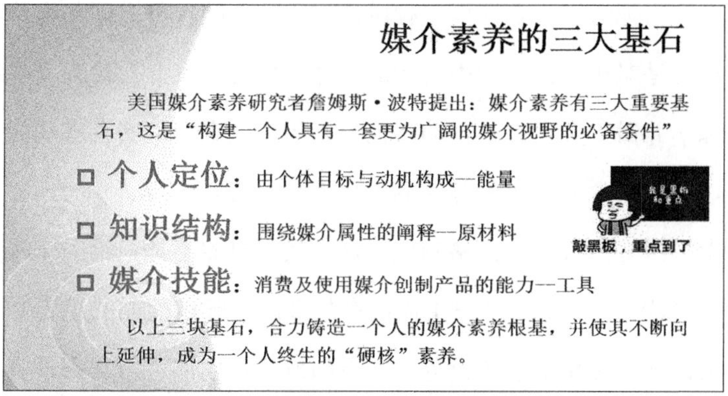

课件 5　通过个人定位选择触媒的方法

作为当代媒介素养的三大基石，由个人目标与动机构成的个人定位是一种个人本身根据兴趣爱好，尤其是所学专业、就业机会等而确定的工作岗位，是每个人的本位职责，如军人有使命、教师有责任，医生有义务，专业传媒人有自己的工作与担当等。每个人在自己“身份”属性上应该干什么？应该学什么？应该会什么？身份岗位决定了我们的责任和义务，决定了我们需要什么样的知识结构。在其位谋其政是本分！根据个人定位选择媒介，日常应该接触哪些媒介、学会哪些媒介技能、关注什么、使用什么等，包括对媒体内容的捕捉、热点把脉和利益点的洞悉、多源讯息的甄别、真实与偏向的辨析，以及正态的媒体服务增值等。

这是通过专业课程教学实现立德树人的基础环节，指导学生如何认清自己的身份，通过传播媒介的使用终身受益。另外，针对传媒类专业的学生，还应该从专业性和思政性两个方面同时注意以下问题。

关注点一：注意自身媒介行为的专业化。作为专业传媒人，在任何媒体行为上都应有自身专业性的“高段位”表现。有一腔热血但稳重理性，有技能技巧但权衡善用。无论是作为大事件讯息的“把关人”，还是作为日常生活诉求的“自媒体人”，他们能够及时发现信源、关注舆情、快速洞察、追求真相，并智慧发声、张弛有度，在建设一种风清气正的全媒环境方面其地位和作用举足轻重。即使是对于人们生活中日常的媒介消费行为，专业传媒人也应该以自己的知识和学养做到极致，并带动其他自媒体人或媒介消费者善用媒介，开发传媒的正能量，自觉进入一种理性的媒介消费状态。

关注点二：好的教育与人格养成。好的教育显然不是只给大学生外在的知识，而是“唤醒”！要挖掘学习主体内在的潜能，开启他们的思考和智商，由他们自己去认知、去辨析这个世界。只有激发学习主体进行自我教育，才算得上真正的教育。好的教育，都带着智慧的光芒，带有教师发自内心的关爱，这种源于内心的真诚会点点滴滴落入学生的内心，不仅撼动他们的情感，也唤醒他们的心智，如课件 6 所示。

课件 6　教育是一种唤醒

专业教育唤醒的不仅是大学生学习的兴趣和动能，还有他们对未来的梦想。专业教育能够影响学生进入职场以后的适用能力和成长能力，甚至会影响到学生未来的职业或事业发展走向。因为，任何教育的目的不仅是学会一堆知识，而是学会一种思维，一种方法论，这种思维能使人受用终生，不仅体现在专业和职场，也用于人们的生活中，每一分钟，每一件事，每一个场景，每一个决策。

真正的教育，需要回归到人格的本质上。只有人格的魅力才能塑造人格，以激发青春正当时的大学生的想象能力、质疑能力、自理能力、谦逊能力……。每当发现问题的时候，首先反思自身！改变那种总是在外部找借口或托辞的思维定式。事实上人们已经意识到很多问题恰恰是源自自身还没有“养成”作为专业人应该有的那种学业上的认真、严谨和职业上的担当、规范。知识教育不是养成教育，高校本科教育既要有“高等基础性”和“高等专业性”的知识教育，也必须有一定的开启心智、塑造人格、净化心灵、修炼境界的养成教育。目前，养成教育的途径除了教育部规定的公共课程之外，专业教育中的课程思政也是不可或缺的“养成”渠道，而其难度要大于知识教育，需要教师更多的付出和真心的投入，如课件 7 所示。

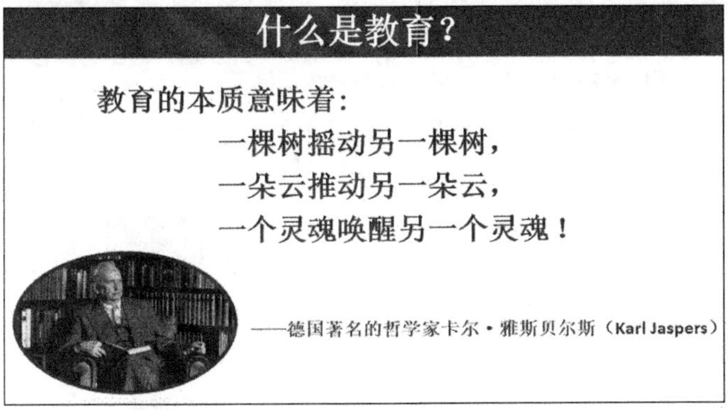

课件 7　教育的本质意味着一个灵魂唤醒另一个灵魂

国外某著名大学校长曾提出真正的教育不传授任何知识和技能，却能令人胜任任何学科和职业，这才是真正的教育。站在教育哲学的高度，这是教育的最高境界。也有教育专家认为本科教育的核心是通识，是培养学生批判性独立思考的能力，并为终身学习打下基础。通识教育的英文是“liberal education”，可以译为“人文教育”“文雅教育”“通识教育”“通才教育”等，即针对大学生心灵的人文滋养，其核心是公民的责任、理想和志向，这与“当代媒介素养刻度表”中三个阶段十个层级逻辑演绎的结果殊途同归。这些提倡的都是充分发挥个人潜质选择学习方向，不为功利所累，为生命的成长确定方向，在党和政府制定的路线、方针、政策上，为社会、为人类的进步做出贡献。可见，养成教育的最终目的具有全部的课程思政意义。

有专家指出只有教育才能使一个人对自己的观点和判断有清醒和自觉的认识；只有教育才能令他阐明观点时有道理，表达时有说服力，鼓动时有力量。教育使人看到世界的本来面目并能切中要害，解开思绪乱麻，识破似是而非的诡辩。教育让人能够胜任任何职位，驾轻就熟地精通任何学科。国外还流行过一个教育理念：“意志”，如课件 8 所示。

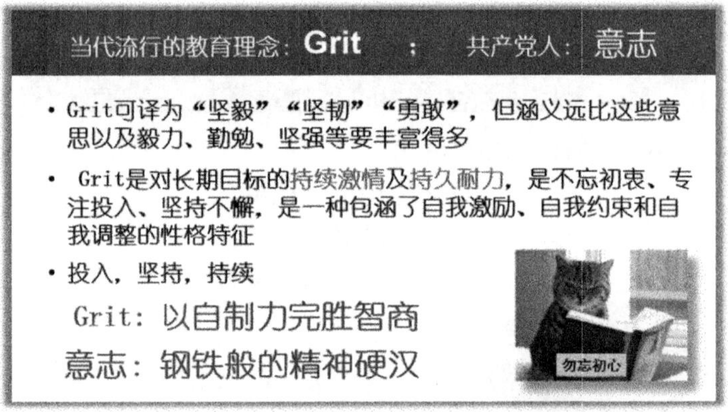

课件 8　作为教育理念的“Grit”与“意志”

有教育专家直言：教育的目的不是学会知识，而是学习一种思维方式，即在烦琐无聊的生活中，意志坚强，时刻保持清醒的自我意识，不是“我”被杂乱、被生活拖着走，而是生活由“我”掌控。真正的教育，是时时刻刻的自我觉醒与认知，是批判性独立思考和个人终身学习不断进益的基础。学会思考、选择，坚定信念、正确站位是传媒类教育的终极目的，也是被教育者获得幸福的终极能力。对于正在勃发的新时代传媒业，这是建设绿色清朗的媒介环境的人才保障。

主要参考文献

［1］阿莱克斯·彭特兰. 智慧社会：大数据与社会物理学［M］. 汪小帆，汪容，译. 杭州：浙江人民出版社，2015.

［2］爱德华·特纳. 技术的报复：墨菲法则和事与愿违［M］. 徐俊培，钟季康，姚时宗，译. 上海：上海科技教育出版社，2000.

［3］安德鲁·查德威克. 互联网政治学［M］. 任孟山，译. 北京：华夏出版社，2010.

［4］埃弗里特·E. 丹尼斯，梅尔文·L. 德弗勒. 数字时代的媒介：连接传播、社会和文化［M］. 傅玉辉，卞清，刘琛，等译. 北京：中国人民大学出版社，2019.

［5］艾伯特－拉斯洛·巴拉巴西. 爆发：大数据时代预见未来科学的新思维［M］. 马慧，译. 北京：中国人民大学出版社，2012.

［6］艾伯特－拉斯洛·巴拉巴西. 链接：商业、科学与生活的新思维［M］. 沈华伟，译. 杭州：浙江人民出版社，2013.

[7] 保罗·莱文森．新新媒介［M］．何道宽，译．上海：复旦大学出版社，2013.
[8] 白传之，闫欢．媒介教育论：起源、理论与应用［M］．北京：中国传媒大学出版社，2008.
[9] 陈力丹．精神交往论：马克思恩格斯的传播观［M］．北京：中国人民大学出版社，2008.
[10] 陈卫星．传播的观念［M］．北京：人民出版社，2008.
[11] 常鑫．广播电视新闻业务［M］．北京：中国人民大学出版社，2019.
[12] 陈绚．新闻出版伦理与法律教程［M］．北京：中国人民大学出版社，2016.
[13] 丹·吉摩尔．草根媒体［M］．陈建勋，译．南京：南京大学出版社，2010.
[14] 戴永明，蒋恩铭．网络伦理与法规［M］．福建：福建人民出版社，2005.
[15] 董毓．批判性思维原理和方法：走向新的认知和实践［M］．北京：高等教育出版社，2010.
[16] 丹尼斯·麦奎尔．受众分析［M］．闾佳，译．北京：中国人民大学出版社，2006.
[17] 笛卡尔．谈谈方法［M］．王太庆，译．北京：商务印书馆，2000.
[18] 方汉奇．中国新闻传播史［M］．北京：中国人民大学出版社，2009.
[19] 冯丙奇．病毒式传播研究［M］．北京：中国传媒大学出版社，2016.
[20] 黄升民．大视频时代广告策略与效果测量研究［M］．北京：中国传媒大学出版社，2014.
[21] 亨利·詹金斯．融合文化［M］．杜永明，译．北京：商务印书馆，2012.
[22] 何塞·范·迪克．连接［M］．晏青，陈光凤，译．北京：中国人民大学

出版社，2021.

［23］哈罗德·伊尼斯．传播的偏向［M］．何道宽，译．北京：中国人民大学出版社，2003.

［24］赫伯特·马尔库塞．单向度的人：发达工业社会意识形态研究［M］．刘继，译．上海：世纪出版集团上海译文出版社，2011.

［25］简宁斯·布莱恩特，道尔夫·兹尔曼．媒介效果［M］．石义彬，彭彪，译．北京：华夏出版社，2009.

［26］杰夫·斯蒂贝尔．断点：互联网进化启示录［M］．师蓉，译．北京，中国人民大学出版社，2015.

［27］克莱·舍基．未来是湿的：无组织的组织力量［M］．胡泳，沈满琳，译．北京：中国人民大学出版社，2009.

［28］凯文·凯利．失控：全人类的最终命运和结局［M］．陈新武，顾佩嶶，等译．北京：新星出版社，2010.

［29］克劳斯·布鲁恩·延森．媒介融合：网络传播、大众传播和人际传播的三重维度［M］．刘君，译．上海：复旦大学出版社，2014.

［30］刘鹏，王超．计算广告：互联网商业变现的市场与技术［M］．北京：人民邮电出版社，2019.

［31］理查德·怀斯曼．正能量［M］．李磊，译．长沙：湖南文艺出版社，2012.

［32］理查德·保罗，琳达·埃尔德．思考的力量：批判性思维成就卓越人生［M］．丁薇，译．上海：格致出版社，上海人民出版社，2010.

［33］理查德·布罗迪．思维病毒：如何在工作与生活中实现思维自由［M］．叶俭慧，译．杭州：浙江人民出版社，2014.

［34］罗伯特·西奥迪尼．影响力［M］．闾佳，译．北京：北方联合出版传媒

（集团）股份有限公司，2010.
[35] 罗伯特·洛根.理解新媒介[M].何道宽，译.上海：复旦大学出版社，2012.
[36] 马歇尔·麦克卢汉.理解媒介[M].何道宽，译.北京：商务印书馆，2005.
[37] 马克·巴特斯比.这是事实吗：用批判性思维评估统计数据和科学信息[M].张立英，译.上海：上海教育出版社，2017.
[38] 马克斯·韦伯.社会科学方法论[M].李秋零，田薇，译.北京：中国人民大学出版社，2009.
[39] 马尔科姆·格拉德威尔.引爆点：如何制造流行[M].钱清，覃爱冬，译.北京：中信出版社，2009.
[40] 尼古拉斯·卡尔.浅薄：互联网如何毒化了我们的大脑[M].刘纯毅，译.北京：中信出版社，2010.
[41] 尼古拉斯·克里斯塔基斯，詹姆斯·富勒.大连接：社会网络是如何形成的以及对人类现实行为的影响[M].简学，译.北京：中国人民大学出版社，2013.
[42] 聂震宁.我们的出版文化观[M].北京：中国书籍出版社，2008.
[43] 彭兰.网络传播概论[M].北京：中国人民大学出版社，2017.
[44] 潘懋元，史秋衡.中国高等教育评论（第9卷）[M].北京：科学出版社，2018.
[45] 乔纳·伯杰.疯传：让你的产品、思想、行为像病毒一样入侵[M].刘生敏，廖建桥，译.北京：电子工业出版社，2016.
[46] 塞伦·麦克莱.传媒社会学[M].曾静平，译.北京：中国传媒大学出版社，2005.

[47] 邵鹏，邵培仁．全球传播愿景：新世界主义媒介理论研究［M］．杭州：浙江大学出版社，2022.

[48] 汤姆·斯丹迪奇．社交媒体简史：从莎草纸到互联网［M］. 林华，译．北京：中信出版社，2019.

[49] 托马斯·L. 弗里德曼．世界是平的：21 世纪简史［M］．何帆，肖莹莹，郝正非，译．长沙：湖南科学技术出版社，2014.

[50] 王正在．广告方圆［M］．北京：新华出版社，2003.

[51] 王昊奋，漆桂林，陈华钧．知识图谱［M］．北京：电子工业出版社，2019.

[52] 威尔伯·施拉姆，威廉·波特．传播学概论［M］．何道宽，译．北京：中国人民大学出版社，2010.

[53] 邢杰，赵国栋，徐远重，易欢欢，余晨．元宇宙通证：通向未来的护照［M］．北京：中译出版社，2021.

[54] 雪莉·特克尔．群体性孤独［M］．周逵，刘菁荆，译．杭州：浙江人民出版社，2014.

[55] 杨开城．教学设计：一种技术学的视角［M］．北京：电子工业出版社，2010.

[56] 于翠玲，刘斌．大学生媒介素养概论［M］．北京：北京师范大学出版社，2010.

[57] 杨飞．流量池［M］．北京：中信出版社，2018.

[58] 袁军．媒介素养教育论［M］．北京：中国传媒大学出版社，2010.

[59] 张伦，王成军，许小可．计算传播学导论［M］．北京：北京师范大学出版社，2018.

[60] 詹宁斯·布莱恩特，苏珊·汤普森．传媒效果概论［M］．陆建南，等

译．北京：中国传媒大学出版社，2006.
[61] 张波．O2O：移动互联网时代的商业革命［M］．北京：机械工业出版社，2014.
[62] 邹振东．弱传播：舆论世界的哲学［M］．北京：国家行政学院出版社，2018.
[63] 展江，彭桂兵．媒体道德与伦理案例教学［M］．北京：中国传媒大学出版社，2014.
[64] 周岩．基于知识图谱的中国传播学发展研究［M］．北京：首都经济贸易大学出版社，2021.
[65] 詹姆斯·赖斯顿，沃尔特·李普曼．新闻与正义：14 项普利策新闻奖获奖作品全译本［M］．展江，译．北京：中国人民大学出版社，2009.
[66] 赵月枝．传播与社会：政治经济与文化分析［M］．北京：中国传媒大学出版社，2011.

后 记

在高校从教36年，几乎离不开学生了，他们正派、阳光；他们青春、向上；他们单纯、善良。不要问我是不是都碰上了好学生、乖学生，或者想一把伞保护全船人，非也！别忘了，他们都是经过自己的努力考上大学的人，还能如何“淘气”？他们的定位就是“学生”，而你作为教师，怎么能期待学生没毛病呢？

写这本书，便回想起校园时光里诸多深刻的记忆，相信过了多久都不会忘记的学生，那些名字还在我的微信朋友圈里，那些场景一幕一幕恍惚着，令人回味无穷。上课—备课—科研—教学，充实并快乐着，安然并期待着，与其说是希望学生有一个好态度好成绩，倒不如说是期待着下一个段位的飞升。只有挑战才有进益，只有进益才有快慰，只有快慰才能享受那只有属于你的幸福。这个时候我只想说：当你有些疲惫走下讲台时，你知道你将收获到什么吗？

“从媒介素养入门开始，《当代媒介素养十讲》每一章节的标题就深深吸引了我，让我萌发了很大的学习热情。老师上课举的例子都很贴近我们的生活，也紧跟网络热点，并且也能感受到老师对于这些新闻热点的了解。PPT 中图片、图表、表情包等也都让课程内容更加丰富，补充的法律资料、视频资料也拓展了我们的知识面。整个学期下来我最大的感受就跟最后一节课有位同学说的一样，感觉老师好厉害。在我学这堂课之前，我自认为我的素养还不错，会主动求证信息的真实性，在网络上能尽量保持客观。但学习之后我明白，要培养媒介素养，单单理性会求证是不够的，还要有深厚的知识积累，并且能运用好现代媒介，参与创造社会价值。这一个学期的内容干货满满，毫不夸张地说，老师的 PPT 是我见过的所有老师中内容最为丰富的，您一定花了很多时间。这么多内容够我消化很久了，当然也可能在还没消化好的时候就忘了。但我所掌握的到最后一定会内化成我的知识基底，给予我以后的学习和生活很大的帮助。”

“学习了媒介素养这门课程，我受益匪浅，提高了我的认知和洞察力，十分感谢老师的教授，谢谢老师。”

“我觉得高老师人很好，教学做得特别认真。她总会在课堂内容中加上许多有趣的东西，如网上的一些有趣的帖子、视频等，我也很赞同老师看电视看的同时又在学的观点。在学习了该课程内容后，我也明白了高老师看电视的境界和我们一般人看电视的境界，其实就是媒介素养的问题。”

“在课上学到了很多的知识并且扩展了很多的眼界，在疫情居家上课，老师总能跟紧时事，用新鲜的内容讲授知识，不枯燥很有意思。在后面关于具体的电视、电影之类的课，我觉得学到了相关知识，也同样收获了很多的‘剧’，在以后的时间可以用来打发时间。媒介素养是一个很重要的素养，如果跳出媒介运用到生活中我相信一定也是有用的，所以要多方面运用，要从思维上学会。”

“媒介素养课程学习过程是愉悦的，学习结果是充实的。在这里，想要感谢老师带领着我们进行一学期的媒介素养教育。对我来说，收获颇丰。作为一个新闻出版学子，一个准传媒人，能够系统接受媒介素养教育是很必要的，所以这是我大学第一个选中的选修课程。上课时期很轻松快乐，因为老师每次的课程都会挑一些‘时事’进行相应知识点的讲解，并且熟悉流行用语等，拉近距离，很有一种亲切感。比如，关于奥斯卡颁奖典礼打人事件，老师在课程上让我们主动去感受了立场不同导致的报道内容的不同，了解到报道具有的引导性。”

“媒介素养课像是一个人生导师。通过媒介素养这个课程我提高对了媒介的认知，并培养了传媒人的基本素养，完善了传播学的理论体系。同时，高老师的课堂氛围也让我印象深刻，即使是在网课期间线上教学也能做到与学生进行积极的互动，上课节奏也刚刚好。高老师的声音很温柔，是有知识重量的柔和感。我能感觉到高老师是以真心对待学生的，很为学生着想，乐于与我们沟通。我也很敬佩高老师紧跟实事，追随潮流以保证案例的新鲜度，并保持着既将之当作工作又是乐趣的心境，而把兴趣做成职业也是我一直以来努力的方向。”

“媒介素养这门课让我印象最深的就是在 MU5735 发生空难的第二天我们上课，老师先是表达了对机上人员的深切的悲痛之情，然后告诉我们在灾难新闻报道的时候的注意事项。因为我一直在关注这个空难事件，并且对一些媒体所发出的报道有着不同的看法，通过讲解了灾难新闻报道让我明白了在做报道的时候要有人文关怀，谨记生命至上，尊重受访者的意愿，同时强调信息的真实性和可靠性。”

“很感谢这门课，也很感谢高萍老师，这门课真的让我成长了太多，也解决了我很长时间的困扰。作为千禧一代的年轻人，其实我们对互联网并不陌生，但是一旦让我们去谈互联网，又会感觉如鲠在喉、无法言表，明明经历了很多、体会了很多，可就是表达不出来！而媒介素养这门课正是解决了这个问题，它从学术的角度系统化和专业化对互联网时代的媒介素养进行了阐述，一点点将我们头脑中的乱麻解开。”

“课程本身设置得十分生动有趣，这一点是非常出乎我的意料的。一开始以为这门课程是单纯的理论学习，而在学习时老师引用了大量经典而又时尚的案例，并且会时不时抛出问题、引导我们思考，在这一过程中其实也是对批判性思维的培养。老师曾经留过关于‘内容为王’的作业，在交完这一课题的作业后，我一直在思考一个问题：明明是内容为王的时代，但是为什么无聊的东西变多了？为什么一些毫无营养价值的东西能够火爆全网？是因为创新吗？是因为内容质量高吗？”

“在上第一节课时老师就将马歇尔·麦克卢汉的‘传播技术的伟大进步，反而加重了彼此的理解困难’这句话抛给我们，也在之后的课程里反复提及，布置讨论，可以说这句话作为我认识媒介素养的开始，带我走进了深入其中思考的语境。”

“经过本学期媒介素养课程的学习，我不仅收获了更多更新鲜专业的领域知识，也得以启迪，从传播媒介的运行发展机制、衍生商业属性到意识形态的文化教育功能等，都有了进一步的认识，唯一美中不足的大概就是网上授课或多或少带来的局限和影响吧，但老师饱满的情绪却也总能透过屏幕感染我，带动我感受那份学术的魅力，使我受益良多。”

“在这学期刚开始补选选修课的时候，我刷新了无数遍好不容易抢蹲了这门只空一位名额的课程。我知道选这门课的大多是新传的同学，本来只觉得我们的专业稍稍对口，也只是以为这门课跟其他的选修课一样，纯粹是死板的理论课。但没想到老师的授课方式这么轻松有趣，在各种当红事例中便把知识点一一给我们梳理讲通了。并且互动性很强，老师会问我们一些贴近课程主题的问题。虽然是线上教学，也让我与同学和老师的距离感到更近了一步，感受到了老师的亲切，打破了网络的隔阂。”

“媒介素养这门课非常贴近生活，实用性很强，尤其对一个新传人来说更是意义重大。在老师的耐心讲解下，那些案例栩栩如生，那些理论深入人心。老师的讲解不仅仅拘泥于课本，更多的是发自内心教导我们如何去做一个有温度的传媒人。”

“从第一讲到第十讲，每章都有收获，每节都有感悟。课堂中老师能够进行的讲解是有限的，可带给我们的思考是无限的。”

“媒介素养的学习让我逐渐不再是一个‘激情的网络愤青’。原来在网络上看到各类消息，如有不合心意就会暴跳如雷，誓与对方争辩出胜负。其实这样的做法并没有任何好处。学习这门课后，明显感觉到在阅读这些消息后（如女权类似），能够先静下心来想想对方是一个怎样的立场，为何要这样说。得出结论后能对他们有一定的理解，不会过多纠结于与自己不同的声音。让我以批判性思维看待事件的同时，又能理性分析它背后蕴含的社会信息。”

“学习媒介素养，我最大的收获，是学到一种思维，一种在接触到信息后，我会质疑它的逻辑，有自己的思考，不被片面之言所惑，更加坚定于自己的信仰和立场。”

“媒介素养课程是我大二就想报名的课程，不管是之前的学长学姐推荐，还是同班同学上课后相互间的了解反馈，都是在夸这门课。但是因为每一次选课的时候，媒介素养总是第一个被选空了的，导致直到大三下学期才选中，还是本校的课程，康庄（北校区）过于火爆还是没有选上。

媒介素养这门课就我个人而言，更像是对专业课的一种补充、拓展、探究，在原有知识储备的基础上让我们去思考一些问题，很像是原来只会怎么把一道菜做出来，现在会去思考有没有更好的方式去把这道菜做好，或者原先的方法是不是有一些不妥？那我该如何去改正、完善。

能在大三下学期终于选上了这门课也是很幸运的！”

“说到媒介素养的精髓，我首先就想到了高老师在课堂上所提到的‘真话不全讲，假话全不讲’。阅读，分析，反推是媒介素养的精髓。”

“我想对这门课的课堂体验谈一谈感受。当我刚开始上媒介素养这门课时，可能是因为我从来没有了解过什么是媒介素养，所以我很惊讶这门课的内容竟然如此与时俱进，一下子激起了我的兴趣。在学习过程中，老师每一节的内容都结合着现实事件讲解，有时还和我们互动，这让我觉得课堂丝毫不枯燥，同时还很容易理解了书本上难以理解的官方词语。在一节课上，老师让我们对外国演员掌握主持人这一行为表态，并不断地扩充掌握事件背后的真相、带来的影响等内容，我们也要不断地表态。在这个过程中，我感觉自己在沉浸式上课，我的思维完完全全跟着老师的讲解进行着一个又一个的选择，不仅理解了书本上与之相关的理论知识，还透过这个例子学会了该如何正确处理事情。

学习完这门课，我的思想真的有所提高，因为真的收获太多。就好比，我平时在网络中看到一种现象，我可能只是关注一下就过去了，但学习完媒介素养后，我能将网络中的某种现象与书本上的理论知识联系起来。现在的我看到某种现象，会停下来思考一下这会不会跟媒介素养的知识有关。我印象最深的就是老师讲的互文性，当时老师以电视剧《庆余年》为例，讲了剧中柳如是这个人物，其实我早就看过这部剧，当时也注意到柳如是这个人物的名字与四大名妓之一的柳如是一样，但也没有思考过为什么会一样。但学习完媒介素养我便懂得了这叫作互文性，熟悉的现象可以引起人们的共鸣。所以，媒介素养这门课的内容，确确实实提高了我的思想和思维能力。”

“在课程内容的体会上，我感觉老师讲课富有条理，从身边例子入手，深入浅出，循循善诱，内容丰富有趣，寓教于乐。而且老师温柔和蔼，我们只是做了应该做到的事情，老师就会和我们说‘谢谢’。”

“媒介素养，于我而言并不只是一门课程，而是身为一名准媒体人和网络原生民的基本涵养与行为准则。思维上的提升胜过暴力的知识点输入，如其名，素养，是一种知识能力和文化素养，老师可能更多也是向我们教授如何有洞察力、深透的见解，而不是眼前的情境、景象。这门课让我尝试去从被动的知识接收者转为使用者，我也逐渐从信息陷阱中逃离出来，通过专业性看待、溯源网络信息，以一种信息传播者的视角进行分析论证，深入思考、全面分析，避免信息茧房所造成的接受单一。同时老师的课程很多都是从一个个事例来讲述，通过各种实事带我们探索媒介，用通俗易懂的方法讲解媒介和我们生活的联系。令我印象深刻的是老师对马歇尔·麦克卢汉及波兹曼的讲述，还有在奥斯卡颁奖那节课通过活动讲述受众对信息认知的解读，让我感觉到干巴巴的媒介理论原来离生活如此近，也是我们稍加留意就随处可见的知识。所以我最大的体会是：书本的知识始终是单薄的，更重要的是将知识带入生活，用个人体会去理解它运用它，从而最终将别人的知识化为自己的见解。我的收获是对媒介的各种理论认识，如其功能、影响力、受众等，还有对马歇尔·麦克卢汉、威尔伯·施拉姆等学者的热爱，还有对社会上许多现象的解读能力。”

“媒介素养课程的教材目录分为十讲，就像《圣经》中的‘十诫’。各有各的精彩，同时也有合而为一的共性。其实媒介素养中，我最为看重的并不是所谓的专业知识，而是其背后的思维和逻辑能力。只要用功用心，知识自然而然就能掌握；而思维能力却要依靠感悟和熏陶才能培养。本次媒介素养课程之旅，我认为最大的收获有这样两个：一个是互联网的‘超媒介’性质；另一个是媒介素养的刻度。”

“如今一学期的课程学下来，意犹未尽。但我能够明显感知，相比以前，现在的自己对待各种信息更加理性，能够做到抛却主观盲动，有程序、有条理、多角度、反复多次地思考一条重要信息的立场和背后传递的价值观，我可以简单分辨出各种信源的媒介框架和其与所报道事件之间微妙的利益关系。我还能看见在一条看似孤立的信息背后，其实联系着当今时代的历史环境和我们国家的政治大局。我想这是课程教会我批判思维和独立思考的成果。所以‘时刻注意到媒介的存在’，能够让人保持自持的清醒而非在行为上出现被动的盲从，这一点被我视为长达十五周《媒介素养》课程学习的最重要思想收获。

我在上学期就已经购买了老师撰写的教材，可惜素养课程选修的竞争太激烈没有选上，教材就在书架上躺了一学期；这学期选上课程，本以为不久就能返校上课，结果疫情多地散发，只能云端学习。教材又只是在宿舍书架上安静地躺了一学期……不论是上学期的广告学课程还是这次媒介素养，高老师的言传身教都让我学会很多，受益匪浅，谢谢。”

“对于高萍老师的媒介素养课我是慕名而来。曾上过老师所教课程‘广告学’，学后觉得大有裨益，对老师广博的知识面和严谨的治学态度很是崇拜。在学习了媒介素养课程后通过老师课上深入浅出的讲解及自由轻松的学术探讨，我受益良多。在选择了编辑出版专业后参与高萍老师课堂的机会变少，非常幸运能再次听到老师授课。”

“我对本门课程最深刻的体会在于‘媒体人的责任感’。‘如果社会是一艘航行在大海上的船，新闻记者就是船头的瞭望者’。媒体人在对信息具有准确获取，进行判断，并可表达自己观点后，更应做到的是对社会责任的关注。韩国N号房事件是由两名有新闻理想的大学生举报揭发的，这样的故事之所以听上去会很热血，我想正是因为这生动写照，表达了人们对于记者‘铁肩担道义’的期待。”

“印象最深的是老师在课上对我们进行的一些小实验，如对‘奥斯卡颁奖典礼史密斯打人事件’的看法，通过给出不同的前提，再决定支持哪一方，虽然我自始至终的立场未变，但也感受到了舆论对我的深深的影响。类似的实验就很能代表当今网络上的现状，广大网民由于信息不对称，很容易被信息发布者有意提供的不完整信息引导，所操控。如果信息提供者有蓄意引导舆论的动机，有意发起‘网暴’，无异于对其他人拥有了‘合法’的生杀予夺的权利。这是一个多么可怕的武器。

所以在面对无论是网络上还是生活中任何议题与政策的提出，都要学会独立思考，批判性思考。面对一件未知的事情时，不要轻易付出全部信任，要保持质疑和探寻真相的思维。当搜集足够的信息，分析正反两方利弊得失之后，再决定立场。而即便我决定了立场，也无须完全否定与我立场相异者，尊重每一种选择，毕竟真实性游离于虚构和真实之间，我们追求的目标是‘下一步的真实’。

令我思想上收获最多的是‘受众认知规律对媒体人的意义’，原本在××学院学习的时候，也有过短视频课，老师教授了视频制作以及选题技巧类的内容，但太多的技巧性内容有点忽视了内容制作的本源，从心理学上讲，人的认知是有选择性的。在信息的传递过程中，由于信息的繁杂和泛滥，人们对自己感兴趣的信息才会引起注意，所以一般将选择性分为选择性注意、理解和记忆。也就是说，一般人们对能够满足其某种需要的信息才会选择性注意，而在其基础上，才会进行选择性理解，进而在理解的基础上再选择性记忆。这也是受众认知和看听的规律。人的大脑在收集、整理、加工信息的过程中，是认知结构在起着指导作用。”

“作为一名2020级广告班的学生，媒介素养的学习实在太重要了！上学期在上高萍老师‘广告学’课程的时候，我就已经深刻感受到了老师在授课时那份饱满的精神与情感。因此对于本学期的‘媒介素养’我是既激动又紧张，渴望头脑风暴的同时又担心因为网课的原因会跟不上。不知不觉‘媒介素养’已经结课，与线下课堂不同的是，我们师生之间无法面对面地进行交流，老师无法通过我们的表情来判断我们对知识的掌握程度。但这并没有成为高萍老师教学的阻碍，线上的每堂课高萍老师都会积极地与我们进行互动，不断地启迪我们，引导我们思考与联想，公屏上那一条接着一条的留言便是我们紧跟老师思维的脚印。在这门课上高萍老师用生动、易懂的语言讲解了每一个知识点，用典型的例子加深了我的理解与记忆。其次，高萍老师对于课堂时间的把握恰到好处，从没有一次拖堂或者耽误休息，每堂课的内容与延伸都刚刚好，这是我非常敬佩老师的一点。”

“在浏览意向考研院校的往年考题中，我体会到了媒介素养这门课程中老师渗透的答题理念和答题规范，让我对考研的努力方向有了更加清晰地认知，用踏实的理论知识来武装自己的专业技能。在网络汲取热门的新传知识和信息时，我也学会了用自己的头脑去阅读和分析事件的真实性，用更加深刻的理念去剖析问题的本质。”

“作为一名新闻系的大二学生，很遗憾大学生涯已经过了半程才接触到高老师的媒介素养课程。这门课程可贵的并不仅是实用的知识，更可贵的是，通过这门课程我获得了一个更加理性的视角，让我能科学地分析每日接收的信息。这种看待信息的能力让我离成为一名专业的新闻人更进一步。”

“以前我们上的传播学课程，主要是将生活中的传播活动科学化、理论化。而媒介素养这门课更多的是帮助我们将传播学理论回归生活，特别是回归互联网时代的社会生活。所以在这门课程中，高老师举了很多贴近于我们生活的生动例子，我印象最深的是询问我们喜欢的影视作品，这一小小的环节却让我感觉到我的爱好，我的兴趣是受到尊重和赞同的。同时在学了这门课以后，我对我喜欢看的影视作品也会留一双理性的眼睛去看待它，比如说我现在就在试着分析《辛德勒的名单》黑白配色表达的镜头语言，以及这部讲述‘二战’时期故事的电影能给当代社会带来什么样的启示。”

“我一直非常喜欢上您的课，此处并不是溜须拍马，而是每次您的‘紧跟热点’都能够很好地吸引我。例如，我在闲暇时间获取到的一些或是娱乐或是政治方面的新闻资讯，第二天或是过几天就可以在您的课堂中再次听见，结合我自己的思考，再加上您的专业分析，每次我都可以收获很多，同时也培养了我善于质疑的思维。”

“高老师上课输出的媒介价值观和人文素养便是在帮我们打底色，以后作为一名传者要具备广阔的媒介视野，这是一个不断增进认知最后理解通透的过程。在课程中我了解到如何判断信息的价值与意义，也在课上通过高老师举的实例透过现象看到了本质的传播原理，明白媒体人是需要一定高度站位的。今天的我是一名受者，明天的我即将成为一名传者，在接下来的两年时间中要继续完善自己，为成为有知识学养、文化底蕴、有道德与有法律意识的专业媒体人不断努力，希望以后为中国和谐的媒介环境贡献自己的一点力量！”

“‘让新闻飘一会儿’——与媒介素养课程结缘。2021 年 5 月 22 日上午，某媒体一则报道杂交水稻之父袁隆平同志去世的消息轰动网络，网民纷纷在社交平台上转发此则消息表示沉痛哀悼。当我正与网民共同哀悼袁老之时，袁隆平同志的秘书对袁老去世的消息进行了辟谣，随之我又开始和网友们共同对造谣媒体进行强烈的谴责。此时我的一位室友在旁边说道：‘高萍老师在媒介素养课上有言——让新闻飘一会儿。’短短一句总结，立马让我对媒介素养这门课程产生了好奇，终于，我在大二下学期参与进了此课。我想，从我进入腾讯会议的第一秒起，便开始冲向媒介那隐匿于深海之下八分之七的冰山山体了。

‘互联网带来的是方便，而不是正确’——再看造谣袁老事件。经过对媒介素养的体系化学习，我逐渐理解了传媒产业的运作规律，能够更加科学地认识和解读媒介信息，回看一年前的轰动新闻，我的反应与当时有了极大的转变，我再是那个彻彻底底被互联网牵着走的‘小白’了，特别是在学习了第九章后，我对那则新闻有了深刻见解。犹记课程PPT上老师用红色字体与感叹语气强调的那句话——互联网带来的是方便，而不是正确！当然，后面还跟了一句话：‘这是悖论，直接叩问人类的理性。’诚然，在技术产生报复效应的语境下，媒体内容正能量或负能量的传播效应被高能放大，眼见不一定为实，网络谣言危害着媒体诚信以及民心安定和社会稳定。纵观此次造谣袁老逝世的事件，从发布的媒体角度来看，它剥夺了网民的知情权、漠视着当事人的权利，只为争发头条消息，片面追逐流量，完完全全地忽略了自身的社会责任；从相信谣言的网民角度来看，他们不具备较高的辨别能力，未等官方证实消息的真实性，便一味地传播，任凭媒体赚取流量、消费情感，这都是媒介素养不高的体现。

‘做有责任、有担当的媒体人’——从课程习得的方法论。作为未来的出版传媒人，我们所应具备的媒介素养不仅于此，除了对理论的了解，更要知道如何通过理论指导实践。爱党、爱国、爱社会主义、爱人民、爱集体，这是我们所应该具备的基本情感，由此再进一步去梳理穿越古今的媒介，透析新旧媒介的融合，熟练掌握全媒介的整合运用，提高知识涵养、丰富文化底蕴、具备道德伦理修养、守住法制底线意识，做有责任、有担当的媒体人。”

“通过学习媒介素养课程，我更加了解到出版学的魅力。在新传专业奉西方思想为圭臬的今天，老师用她独特的思路为我们讲述现代传媒人应该具有的素养，打破常规的藩篱，生动全面地为我们展示了如何从知识、文化传承、道德修养和对法制本质的认识等方面，教育负责任、负责任的媒体专业人。”

“在学习了媒介素养课程之后，高萍老师教会了我如何自由地在媒介信息的海洋中遨游，提高了我对媒介讯息的审美意识、识别意识和自律意识，帮助我去理解传媒产业的运作规律，使得我更科学地认识和理解媒介信息，对我日后从事传媒行业的工作例如策划和创制传媒产品起到了很大的帮助，在当今的自媒体时代，传播的内容和传播受众之间关系多元交互，人们沉浸于媒介泛滥的环境下，新时代的媒体依托数字技术、计算机网络技术和移动通信技术形成了巨大的网络体系，新媒体具有良好的开放和信息共享度，这有利于我们借助新媒体搜索大量的资源，开阔视野，拓宽知识面，激发我们的创造力。媒介素养这门课程帮助我提高了我的现代传媒的专业素养，使得我对这个自媒体时代有了不一样的看法。我想感谢高萍老师，辛苦您为我们上课，感谢您的媒介素养课程，它让我在这个信息轰炸的时代得以静下心来去看待信息的对与错，我感到非常的开心，我觉得自己得到了提高，非常感谢您！”

请原谅这里的冗长，我不想删减和修改原件。面对学生的自信，站在讲台上的傲娇，一切源于“腹有诗书气自华”。为人作嫁是一份“美差”，她使你心无旁骛，做好第一本分（服务学生）。科研的红利，教学的担当首先要在第一岗位释放实力，以此心安理得，足以享受终生。

感谢我的学生每次都欣欣然并乐此不疲地选课和交流；感谢学校和业界同人对我长期以来的信任和关照，尤其要感谢学校教改课题立项时新闻出版学院的五位专业负责人提供的支持与合作；最后，还要感谢知识产权出版社的李石华编辑，他的质朴与严谨成为本书创新与规范的质量保障。

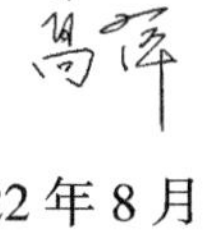

2022 年 8 月 6 日